ullstein

Das Buch

Aphorismen, Bonmots, kluge Sprüche – sie fangen den Zeitgeist ein und spiegeln unsere Lebenswirklichkeit wider. In diesem Band kommen führende zeitgenössische Persönlichkeiten aus Wirtschaft und Politik, Wissenschaft und Kultur, Literatur und Sport ebenso zu Wort wie die Klassiker: Helmut Schmidt und Johann Wolfgang von Goethe, Paul Kirchhof und Novalis, Uwe Seeler und Friedrich Nietzsche, Madonna und Immanuel Kant ... Dieser geistreiche Zitatenschatz bietet ein schier unerschöpfliches Reservoir – nicht zuletzt allen, die Anregungen für Reden bei Jubiläen, Meetings, Familienfeiern oder sonstigen Festivitäten suchen.

Die Herausgeber

Peter W. Engelmeier ist Unternehmensberater in München und Hochschullehrer für Kommunikationswissenschaften. Er arbeitete als leitender Redakteur beim Münchner Merkur, bevor er 1972 als Pressechef der Olympischen Spiele fungierte und anschließend seinen eigenen Verlag gründete. Er hat mehrere Sachbücher verfasst.

Susanne Rick, Romanistin und Germanistin, arbeitete als Hörfunkredakteurin, bevor sie sich 1993 als freie Lektorin selbständig machte. Sie ist Autorin zahlreicher Geschenkbücher.

WER DIE WAHRHEIT SAGT, BRAUCHT EIN SCHNELLES PFERD

Der Zitatenschatz für alle,
die etwas zu sagen haben

Hg. v. Peter W. Engelmeier und Susanne Rick

Ullstein

Besuchen Sie uns im Internet:
www.ullstein-taschenbuch.de

Umwelthinweis:
Dieses Buch wurde auf chlor- und säurefreiem
Papier gedruckt.

Ungekürzte Ausgabe im Ullstein Taschenbuch
1. Auflage Juni 2008

Die Originalausgabe erschien unter dem Titel
Zitatenschatz für alle, die etwas zu sagen haben.
Umschlaggestaltung: HildenDesign, München
Titelabbildung: Maximilian Meinzold
Satz: LVD GmbH, Berlin
Gesetzt aus der Scala und Gill Sans
Druck und Bindearbeiten: CPI – Ebner & Spiegel, Ulm
Printed in Germany
ISBN 978-3-548-37223-5

INHALT

Vorwort

Denk ich an Deutschland in der Nacht ... 9
Die ewige Standortfrage: Flüchten oder standhalten?

Krise? Welche Krise? 31
Immer schön nach vorne schauen

Too Sexy for My Shoes 39
Von der Erkenntnis zur Selbsterkenntnis

Om! 49
In der Weisheit liegt die Kraft

Yellow Submarines 63
Vom Mut, es einmal ganz anders zu probieren

Bonjour Success! 67
Kleiner Leitfaden zum beruflichen Erfolg

Money Makes the World Go Round 91
Was man mit Geld unbedingt oder auf keinen Fall tun sollte

Operator of a Pocket Calculator 97
Vom Umgang mit mathematischen Größen

Life Is Just One Damned Thing After Another 103

Von den Mühen der Ebene
Enemy Mine – Geliebter Feind 113
Für Machiavellisten und Menschen in Führungspositionen

Leb jetzt, zahl später 123
Ein paar nützliche Gedanken über die Zukunft

All eure Dinge lasset in der Liebe geschehen ... 131
Weil sie es ist, die uns Flügel verleiht

Best Friends 139
Eine Havanna unter Freunden muss sein

TV und andere Drogen 143
Kleine Medienkunde zum Abschalten

Kunst ist eine Lüge, die uns die Wahrheit erkennen lässt 149
Warum es sich lohnt, den kulturellen Schweinehund zu überwinden

Geh mir aus der Sonne! 157
Auf der Suche nach dem Glück

Stichwortverzeichnis 165
Personenverzeichnis 178

VORWORT

»Witzige Einfälle sind die Sprüchwörter
der gebildeten Menschen.«
Friedrich Schlegel

Was wäre eine gute Rede oder Präsentation ohne ein passendes Zitat? Zitate können die Aufmerksamkeit des Publikums wecken, komplizierte Sachverhalte verständlich vermitteln und Themen auf den Punkt bringen. Zitate lockern die Rede auf und verstärken die Argumentation. Pfiffige Bonmots bringen Zuhörer und Leser zum Lachen und gewinnen Sympathien.

Dieses feine kleine Buch mit Zitaten aus Politik, Kunst, Wirtschaft und Management soll Ihnen helfen, sowohl im Business-Alltag als auch im privaten Leben möglichst schnell und treffsicher die richtigen Worte zu finden.

Sie werden in dieser Sammlung neben populären Aussprüchen auch viele bisher unbekannte Zitate entdecken. Sie alle verdienen es, im richtigen Moment vorgetragen zu werden.

Viel Vergnügen beim Lesen wünschen Ihnen
die Herausgeber

Denk ich an Deutschland in der Nacht …

Die ewige Standortfrage: Flüchten oder standhalten? »Du bleibst hier, und zwar sofort«, hat schon Karl Valentin gesagt. Aber eine kritische Bestandsaufnahme kann nie schaden.

Denk ich an Deutschland in der Nacht,
Dann bin ich um den Schlaf gebracht.
Ich kann nicht mehr die Augen schließen,
Und meine heißen Tränen fließen ...
Heinrich Heine

Bill Gates wäre in Deutschland allein deshalb gescheitert, weil nach der Baunutzungsordnung in einer Garage keine Fenster drin sein dürfen.
Jürgen Rüttgers

Man will wissen, dass im ganzen Lande seit 500 Jahren niemand vor Freuden gestorben wäre.
Georg Christoph Lichtenberg

Im Sagenkreis des Deutschtums wird dereinst ein großes Durcheinander entstehen zwischen Kyffhäuser und Kaufhäuser.
Karl Kraus

Es gibt in Deutschland zu viele Menschen, die so lange mit dem Kopf schütteln, bis ein Haar in die Suppe fällt.
Wolfgang Tiefensee

Sagt, ist noch ein Land außer Deutschland, wo man die Nase eher rümpfen lernt als putzen?
Georg Christoph Lichtenberg

Auf die Idee, in seinem Leben nur einen einzigen
Beruf zu haben, kommen nur die Deutschen.
David E. Morgan, Ökonom

In Deutschland gibt es ja wenige Menschen,
die keinen Roman geschrieben haben.
Marcel Reich-Ranicki

Was die Deutschen angeht, so ist ihr Fehler nicht ein
Mangel an Geist ... Ihre Bücher sind von betäubender
Konfusion. Wenn man ihre Schwere ein wenig
behöbe und sie ein wenig mit den Grazien aussöhnen
würde, so zweifle ich nicht daran, dass auch meine
Nation bedeutende Gestalten hervorzubringen weiß.
Friedrich der Große an Voltaire

Typisch deutsch ist gar nichts!
Helmut Schmidt

Wenn man hierzulande irgendwo aktiv wird,
ist schon mal die Hälfte dagegen. Tut man nichts,
schreit die andere Hälfte.
Hartmut Mehdorn

Ein durchschnittlicher Unternehmer kann gar nicht
alle Vorschriften und Gesetze erfüllen – wer auch nur
ein paar Stunden am Tag arbeiten will, kommt nicht
darum herum, das Gesetz zu brechen.
Max Schön, Unternehmer

Die notorische Schlechtmacherei des Standorts Deutschland durch Unternehmer und Manager im Ausland ist eine deutsche Unart und würde keinem Franzosen oder Engländer einfallen.
Wendelin Wiedeking

Deutschen Managern fehlt es am Willen zum Gewinn. Ein Fehler, der viele Firmen in ihrer Existenz bedroht.
Hermann Simon, Unternehmensberater

Wirkliche Luxushotels gibt es in Deutschland nicht.
Martin F. Waechter, Manager

Mit unserer speziellen Art der Deutschtümelei bis hinein ins Management haben wir auf den internationalen Märkten keine Chance mehr.
Hubertus von Grünberg, Manager

Es ist wie beim Fußball: Man sieht, es geht nichts mehr, und schreit nach Otto Rehhagel.
Tim Renner, Journalist

Deutsche Künstler suchen geradezu das Hässliche.
Georg Baselitz

So schlecht kann man nur absichtlich spielen.
La Repubblica nach dem Italien-Debakel des DFB-Teams 2006 in Florenz

Die deutschen Ideale, die deutschen Werte sind von
Schiller zu Aldi gewandert. Worauf kann man sich
sonst noch verlassen?
David Bosshart, Trendforscher

Es ist eine Tragödie, dass der Palast der Republik
abgerissen wird. Wie kann man nur so dumm sein?
Da kann man genauso gut ein Geschichtsbuch
nehmen und einfach eine Seite rausreißen.
Nur weil sie einem nicht passt.
Renzo Piano, Architekt

Jammern ist kein deutscher Wesenszug.
Ich halte uns für viel offener und optimistischer,
als manche glauben.
Klaus Kleinfeld, Manager

Wegen ungünstiger Witterung fand die deutsche
Revolution in der Musik statt.
Kurt Tucholsky

Genug gejammert. Es gibt auch positive Stimmen
zu Deutschland. Und es werden täglich mehr …

Man schläft sehr gut und träumt auch gut
In unseren Federbetten.
Hier fühlt die deutsche Seele sich frei
von allen Erdenketten ...
Heinrich Heine

Es ist nicht nur in der Karibik schön, sondern auch
an der Ostsee und im fränkischen Weinland.
Michael Glos

Überall werden Theater geschlossen. In Wuppertal
wird eines gegründet. Mit wenig Geld. Aber vielen Ideen.
Peter Laudenbach, Journalist

Ich fühle mich deutsch und ich bin stolz darauf.
*Claudia Schiffer zum geplanten Erwerb
einer Kuckucksuhr*

Wo liegt also das Problem, wenn die Bevölkerungszahl Deutschlands schrumpft? Sollten wir uns nicht
freuen, dass wir dann mehr Platz und weniger Staus
haben werden? Dass wir nicht mehr die flächen-
fressende Betonierung fürchten müssen? Mehr
naturbelassene Landschaften genießen können?
Thomas Straubhaar, Ökonom

Gegen die demografische Krise gibt es nur ein Mittel:
massive Zuwanderung.
Hermann Simon, Unternehmensberater

Es scheint, dass sich der Ruf Deutschlands verbessert.
Günter Verheugen

Deutschland ist nach wie vor ein ganz toller Standort.
Die Stimmung ist viel schlechter als die Lage.
In Wahrheit leben wir im Schlaraffenland.
Reinhold Würth, Unternehmer

Die Post hat viel geschafft – sogar aus Beamten
Angestellte zu machen.
Christiane Sommer, Journalistin

Ich rufe nicht nach dem Staat. Der wird genug
gefordert.
Jürgen Thumann, BDI-Präsident

Ich brauche in der jetzigen Situation weniger
Analytiker als Macher.
Eckhard Cordes, Manager

Den lieb' ich, der Unmögliches begehrt.
Johann Wolfgang Goethe

Die Verwurzelung kann Kräfte freisetzen,
die wir dringend brauchen.
Martin Kannegießer, Unternehmer

Du bist Deutschland.
Werbekampagne deutscher Medienunternehmen

Wir Deutsche sind mit uns versöhnt –
nur mit unseren Weinen noch nicht.
Ijoma Mangold, Journalistin

Na bitte, wer sagt's denn? Sieht doch gar nicht so
schlecht aus in diesem unserem Lande.
Aber ein paar kleine Anmerkungen zu einem
großen leidigen Thema seien an dieser Stelle
noch gestattet.

Ich werde immer älter, immer dümmer und
damit immer geeigneter für den Staatsdienst.
Achim Stocker, Sportfunktionär

Eine Bürokratie nährt die Illusion, man brauche
über vieles nicht mehr nachzudenken.
Reinhard Birkenstock, Anwalt

Wir brauchen keine neue Behörde.
Georg Wilhelm Adamowitsch, Politiker

Unsinn und Widerspruch wäre es, zu wähnen,
dass etwas, was bis jetzt nicht zustande gebracht ist,
anders als durch eine bisher noch unversuchte
Methode geschehen könne.
Francis Bacon

Die Bürokratie gilt sich selbst als der letzte
Endzweck des Staates.
Karl Marx

Deutschland hat ewigen Bestand,
Es ist ein kerngesundes Land.
Mit seinen Eichen, seinen Linden
Werd ich es immer wiederfinden ...
Heinrich Heine

Wir brauchen in ganz Europa mehr Unternehmertum – und viel weniger Politik. Der politische Teil Europas ist gemacht – die sollen jetzt verschwinden und was anderes machen. Was fehlt, sind ein paar Unternehmer, die wissen, worum es geht.
Nicolas G. Hayek, Unternehmer

Gottlob durch meine Fenster bricht
Französisch heitres Tageslicht;
Es kommt mein Weib, schön wie der Morgen,
Und lächelt fort die deutschen Sorgen.
Heinrich Heine

Wir müssen die Beschäftigung mit uns so schnell wie möglich abschließen.
Wolfgang Sprißler, Banker

Wenn Ignoranten die Spitze erklimmen,
beginnt ein Wettkampf in Dummheit.
Gerhard Pretting, Medientheoretiker

Wir müssen weg von einer
Objektfinanzierung des Staates.
Thomas Straubhaar, Ökonom

Ein guter Hirte schert seine Schafe,
aber er zieht ihnen nicht das Fell ab.
*Paul Kirchhof zur Steuerpolitik
der großen Koalition*

Der Wahnsinn aller Regierenden, vom Minister
bis zum Hausmeister herab, ist, dass das Regieren
ein großes Geheimnis sei, welches dem Volke
zu seinem Besten verschwiegen werden muss.
*Ludwig Börne (1786–1837),
Journalist*

Das Recht auf Dummheit wird von der Verfassung
geschützt. Es gehört zur Garantie der freien
Entfaltung der Persönlichkeit.
Mark Twain

Wenn ihr nicht möchtet, bin ich bereit,
auch nicht zu mögen.
Franz Müntefering

Lasst uns doch mal das machen,
was wir uns vorgenommen haben.
Angela Merkel

Politischer Wille ist glücklicherweise
ein nachwachsender Rohstoff.
Al Gore

Niemand hat weniger Ehrgefühl als eine Regierung.
Jean Paul

Wo Politik ist oder Ökonomie, da ist keine Moral.
Friedrich Schlegel

Die Opposition könnte als Einbrecher für die Mafia
arbeiten – sie hinterlässt keine Spuren.
Mainzer Büttenredner

Hat die Volksherrschaft auch große Mängel und
Nachteile, so halten doch treffliche Männer sie in
unserer Stadt für das geringste Übel.
Francesco Guicciardini (1483–1540),
florentinischer Politiker und Diplomat

Unsere Erbsünde war, durch hochteure und subventionierte Frühverrentungsprogramme eine Mentalität bei Arbeitgebern und Gewerkschaften zu erzeugen, dass es unschicklich ist, länger als bis 60 zu arbeiten.
Bert Rürup

Die über 50-Jährigen blicken düster in die Zukunft.
Klaus-Peter Schöppner, Meinungsforscher

Es werden große Dinge angekündigt, Jahrhundertreform. Und was kommt raus? Kleine Reparaturen in einer Werkstatt im Hinterhof.
Friedhelm Hengsbach, Ökonom

Unser Rechtssystem – es blockiert, es verwirrt, es macht hilflos. Wem nützt es?
brand eins

Vorstandsgehälter müssen strengst geheim bleiben, wenn sie sinken sollen.
Klaus Boldt, Journalist

Es ist die Wirtschaft, Dummkopf!
James Carville zur Unterstützung Bill Clintons im Präsidentenwahlkampf 1992

Verschmilzt die Wirtschaft Europas zur Gemeinschaft, und das wird früher geschehen, als wir denken, so verschmilzt auch die Politik.
Walther Rathenau

Ich habe Sorge, dass eine junge Generation heranwächst, die von allem den Preis und von nichts den Wert kennt.
Johannes Rau

Es ist naiv zu sagen, der Markt werde schon alles richten. Er führt keine wirtschaftliche Leistung herbei, er verhindert keine Fehler, sondern bestraft sie – nachdem sie passiert sind.
Fredmund Malik, Managementlehrer

Märkte sind wie Fallschirme:
Sie funktionieren nur, wenn sie sich öffnen.
Helmut Schmidt

Wir brauchen mehr Stürmer und weniger Schiedsrichter.
Lothar Späth

In ihrem Umgang mit der Öffentlichkeit befinden
sich viele Spitzenrepräsentanten der deutschen
Wirtschaft noch im Kaiserreich. Öffentlichkeit aber ist
eine zentrale Ressource der Demokratie.
Michael Radtke, Journalist

Wirtschaftswissenschaft ist das einzige Fach,
in dem jedes Jahr auf dieselben Fragen andere
Antworten richtig sind.
Danny Kaye, Schauspieler

Mache die Analysten glücklich.
Dann tun sie es auch mit dir.
Ulf J. Froitzheim, Journalist

Machen Sie, was für Ihren Standort gut ist,
denn Sie wissen am besten, was dafür nötig ist.
Jan Wallander, schwedischer Banker zu seinen Zweigstellenmanagern

Wer zu spät an die Kosten denkt, ruiniert
sein Unternehmen. Wer immer zu früh an
die Kosten denkt, tötet die Kreativität.
Philip Rosenthal, Porzellanfabrikant und Politiker

Die Grenzen des Wachstums liegen im Kopf.
Wolf Lotter, Journalist

Nachdenken über Wohlstand würde eine andere Blickrichtung erfordern: weg vom Kuchen und hin zur Bäckerei.
Benjamin Mikfeld, Sozialwissenschaftler

Lassen wir den Arbeitsmarkt einen Markt sein, so dass jeder, der arbeiten kann und will, auch arbeiten kann.
Thomas Straubhaar, Ökonom

Wer nur in Geldkategorien denkt, ist kein Unternehmer, sondern ein Unterlasser. Er lässt die Chancen ungenutzt, die sich daraus ergeben, dass der Mensch nicht ein ständig von Vorteilssuche getriebener *homo oeconomicus* ist.
Norbert Blüm

Risiken sind der ›Rohstoff‹ unternehmerischen Handelns, eine entsprechende Gewinnchance ist die treibende Kraft für den Wohlstand einer Volkswirtschaft.
Christian Horn, Unternehmerberater

Finanzchefs sind die Hofnarren der Neuzeit – sie müssen die Anteilseigner stets bei Laune halten.
Ursula Piëch

Wenn man ein großes Unternehmen verändern will,
benötigt man dafür nicht nur Zeit,
sondern eventuell auch eine kleine Krise.
Bernd Pischetsrieder

Die Wirtschaft ist das Flussbett der Geschichte.
Edward Heath

Spiegel der Zukunft sei das Vergangene?
Doch die Geschichte wirkt ins Gewebe der Zeit
nimmer das nämliche Bild.
Heinrich Leuthold,
schweizerischer Schriftsteller

Das Beste, was wir von der Geschichte haben,
ist der Enthusiasmus, den sie erregt.
Johann Wolfgang Goethe

Die Geschichte wiederholt sich nicht,
aber sie reimt sich.
Mark Twain

Jedwede Zeit hat ihre Wehen.
Ferdinand Freiligrath

Wer in der Zukunft lesen will,
muss in der Vergangenheit blättern.
André Malraux

Unterschätze nie, was eine kleine Gruppe
engagierter Menschen tun kann, um die Welt
zu verändern. Tatsächlich ist das das Einzige,
was je etwas bewirkt hat.
Margaret Mead, Anthropologin

Die Geschichte ist der beste Lehrer
mit den unaufmerksamsten Schülern.
Indira Gandhi

Die einzige Pflicht, die wir der Geschichte
gegenüber haben, ist, sie umzuschreiben.
Oscar Wilde

Es gibt nichts Neues in der Welt,
außer der Geschichte, die du nicht kennst.
Harry S. Truman

Krise? Welche Krise?

»Für uns war das heute eine positive Niederlage«,
hat Bernd Krauss von Borussia Dortmund nach
einem missglückten Spiel mal gemeint.
Recht so. Immer schön nach vorne schauen, immer
eine halb volle Flasche vor Augen haben.
Oder war's ein Glas? Egal, Hauptsache, nie halb leer.

Eine Krise kann jeder Idiot haben.
Was uns zu schaffen macht, ist der Alltag.
Anton Tschechow

Da sah ich das Chaos, als eine Stimme zu mir sprach: Lächle und sei froh, denn es könnte noch schlimmer kommen. Ich lächelte und war froh – und es kam noch schlimmer.
N. N.

Entweder man ist bereit, sich auf Veränderungen einzustellen, sich mitzubewegen, oder man verschwendet seine Energie im Widerstand gegen die Veränderung.
Lalla Vitzthum, Schriftstellerin

Es ist gut, wenn man an Berge kommt.
Man bietet dann die Kraft auf, sie zu übersteigen.
Paul Johann Anselm Feuerbach (1775–1833), Rechtsgelehrter

Umwege erweitern die Ortskenntnis.
Dirk-R. Gieselmann, Unternehmer

Zwischen Gelingen und Misslingen, im Streit, Anstrengung und Sieg bildet sich der Charakter.
Leopold von Ranke

Je länger man vor der Tür zögert,
desto fremder wird man.
Franz Kafka

Die Bereitschaft, Leid und Entbehrung
als Teil der Existenz wahrzunehmen, ist gesunken.
Werner Bartens, Journalist

Leichte Bälle zu halten ist einfach.
Schwierige Bälle zu halten ist immer schwierig.
Otto Rehhagel

Der größte Fehler ist die Angst vor einem Fehler.
Giuseppe Vita, Manager

Wenn du nicht bis an den Punkt gelangst,
wo du scheiterst, weißt du ja nie,
wie weit du gehen kannst.
Martina Navratilova

Die größten Schwierigkeiten liegen da,
wo wir sie nicht suchen.
Johann Wolfgang Goethe

›Krise‹ ist geradezu zum Lieblingswort
der Zeit geworden. Es wird gebraucht wie die Hostie
einer Pseudoreligion.
Norbert Blüm

Der Asket macht aus der Tugend eine Not.
Friedrich Nietzsche

Wir kommen nicht als Pessimisten oder
als Optimisten auf die Welt. Wir handeln allenfalls
als Pessimisten oder als Optimisten.
Ernestine Krummbiegel, Glücksforscherin

In Gefahr und höchster Not
bringt der Mittelweg den Tod.
Friedrich Freiherr von Logau

Die Menschen verstehen die Welt
und die Vorzüge des Lebens immer erst,
wenn ihnen dieses Wissen nichts mehr nützt.
Samuel Butler, englischer Philosoph

Krisen sind die Geburtshelfer neuer Ideen.
Harald Willenbrock, Journalist

Gewissensbisse erziehen zum Beißen.
Friedrich Nietzsche

In der Krise beweist sich der Charakter.
Helmut Schmidt

Zweifel gab es immer, aber es ist die Kunst,
nicht daran zu verzweifeln.
Karlheinz Deschner, Kirchenkritiker

Habe den Mut, dich deines eigenen
Verstandes zu bedienen.
Immanuel Kant

When in doubt, always go to the best hotel.
Isadora Duncan

Großschrumpfen geht nicht.
Arthur Martinez, Manager

Auch aus Steinen, die in den Weg gelegt werden,
kann man Schönes bauen.
Johann Wolfgang Goethe

Nichts ist unglaubwürdiger als die Wirklichkeit.
Fjodor Michajlowitsch Dostojewskij

Ratlosigkeit und Unzufriedenheit
sind die ersten Vorbedingungen des Fortschritts.
Thomas Alva Edison

Wir müssen als Evangelium verkünden,
dass es kein Evangelium gibt, das uns
vor dem Schmerz bewahrt, bei jedem Schritt
eine Entscheidung treffen zu müssen.
Benjamin Cardozo, Richter

Mal verliert man, mal gewinnen die anderen.
Otto Rehhagel

Haben Sie bloß keine Angst vor der Perfektion.
Sie erreichen sie sowieso nicht.
Salvador Dalí

Wir rennen unbekümmert in den Abgrund,
nachdem wir irgendetwas vor uns hingestellt haben,
das uns hindern soll, ihn zu sehen.
Blaise Pascal

Die glücklichen Pessimisten! Welche Freude
empfinden sie, sooft sie bewiesen haben,
dass es keine Freude gibt.
Marie von Ebner-Eschenbach

Es gibt nichts, das ich mir nicht vergeben könnte,
und nichts, das ich nicht überwinden möchte.
Christian Morgenstern

All Ding' sind Gift und nicht ohn' Gift;
allein die Dosis macht, dass ein Ding kein Gift ist.
Paracelsus

Im Leistungssport gibt es so eine Art Kanon:
Siegen wollen. Verlieren lernen. Sich quälen können.
Da haben Sie alles drin, auch:
Die Niederlage beginnt beim zweiten Platz.
Wer das nicht so empfindet,
dem fehlt der Sinn für Höchstleistung.
Hemjö Klein, Berater

Von den Chinesen könnten wir einiges lernen.
Man hat mir gesagt, sie hätten ein und dasselbe
Schriftzeichen für die Krise und die Chance.
Richard von Weizsäcker

Too Sexy for My Shoes

Theodor W. Adorno hat es
etwas vornehmer ausgedrückt:
»Es gibt kein richtiges Leben im Falschen.«
Von der Erkenntnis zur Selbsterkenntnis.

Nichts ist wahr, alles ist erlaubt.
Friedrich Nietzsche

Wer ohne Narrheit lebt,
ist nicht so weise, wie er glaubt.
François de La Rochefoucauld

Wenn einer, der mit Mühe kaum
Geklettert ist auf einen Baum,
Schon meint, dass er ein Vogel wär,
So irrt sich der.
Wilhelm Busch

In einer irrsinnigen Welt vernünftig sein zu wollen,
ist schon wieder ein Irrsinn für sich.
Voltaire

Am Ende ist alles ein Gag ...
Charlie Chaplin

Nur an sich glauben ist Egoismus.
Nur an andere glauben ist Dummheit.
Asaf Youbiner, Eventmanager

Wo die Eitelkeit anfängt, hört der Verstand auf.
Marie von Ebner-Eschenbach

Wenn weise Männer nicht irrten,
müssten die Narren verzweifeln.
Johann Wolfgang Goethe

Ich war einer der letzten Live-Rock'n'Roller
der deutschen Politik. Jetzt kommt in allen Parteien
die Playback-Generation.
Joschka Fischer

Wie klein ist das, was einer ist,
Wenn man's mit seinem Dünkel misst.
Wilhelm Busch

Ich bin der Stöpsel, den man rausziehen muss.
Florentino Pérez, Expräsident von Real Madrid

Starallüren nützen uns nichts,
mögen sie auch noch so unbegründet sein.
Hermann Bauer, Bühnenbildner

Derjenige, der sich mit Einsicht für beschränkt
erklärt, ist der Vollkommenheit am nächsten.
Johann Wolfgang Goethe

Aus faulen Eiern werden keine Küken.
Wilhelm Busch

Sage zu dir in der Morgenstunde: Heute werde ich mit unbedachtsamen, undankbaren, unverschämten, betrügerischen, neidischen, ungeselligen Menschen zusammentreffen. Alle diese Fehler sind Folgen ihrer Unwissenheit hinsichtlich des Guten und des Bösen.
Marc Aurel

Wenn Sie mich jetzt verstanden haben,
habe ich mich nicht richtig ausgedrückt.
Alan Greenspan

Die Sinne trügen nicht. Das Urteil trügt.
Johann Wolfgang Goethe

Ich bin schwul, Alkoholiker und ein Genie.
Truman Capote

Was wir einen glänzenden Gedanken nennen,
ist meist nur ein verfänglicher Ausdruck,
der uns mit Hilfe von ein wenig Wahrheit
einen verblüffenden Irrtum aufzwingt.
Marquis de Vauvenargues (1715–1747),
französischer Moralist

Ich möchte keinem Club angehören,
der mich als Mitglied akzeptiert.
Groucho Marx

Es gibt mehr Narren als Schurken in der Welt.
Anders würden die Schurken nicht genug haben,
um davon zu leben.
Samuel Butler, englischer Philosoph

Das Licht in dieser Welt kommt
von denen, die einen Knall haben.
N. N.

Ja gut. Es gibt nur eine Möglichkeit:
Sieg, Unentschieden oder Niederlage.
Franz Beckenbauer

Ich denke sowieso mit dem Knie.
Joseph Beuys

Der Einfall ersetzt nicht die Arbeit.
Max Weber

Es geht freilich sonderbar zu
unter uns Erdreichern.
Georg Christoph Lichtenberg

Ich bin ein Katalysator für Begeisterung.
Benjamin Zander, Dirigent

Seien wir realistisch,
versuchen wir das Unmögliche.
Ernesto Che Guevara

Starke Wasser reißen viel Gestein und Gestrüpp
mit sich fort, starke Geister viel dumme
und verworrene Köpfe.
Friedrich Nietzsche

Hätte ich nicht so eisern gespart, wäre ich nie
der reichste Mann der Welt geworden.
Dagobert Duck

Der Weise meidet zuweilen die Menschen,
aus Furcht, sich zu langweilen.
Jean de la Bruyère

Jürgen hat gesagt, dass ich die Nummer eins bin.
Oliver Kahn

Ich schleppe meinen Mythos mit mir herum.
Orson Welles

Wir spielen oft und gern mit der Einbildungskraft;
aber die Einbildungskraft spielt ebenso oft und
bisweilen sehr ungelegen auch mit uns.
Immanuel Kant

Es liegt in der menschlichen Natur,
vernünftig zu denken und unlogisch zu handeln.
Anatol France

Die Journalisten können über mich schreiben,
was sie wollen. Hauptsache, es ist nicht die Wahrheit.
Madonna

Denn der Mensch spielt nur, wo er
in voller Bedeutung des Worts Mensch ist,
und er ist nur da ganz Mensch, wo er spielt.
Der Mensch soll mit der Schönheit nur *spielen,*
und er soll *nur* mit der Schönheit spielen.
Friedrich Schiller

Ich habe nichts als mich von meinen Eltern geerbt.
Jean Paul

Kenntnis seiner selbst, an Sinnesart, an Geist, an Urteil, an Neigungen. Keiner kann Herr über sich sein, wenn er sich nicht zuvor begriffen hat.
Baltasar Gracián (1601–1658),
spanischer Moralist

Lassen Sie sich die Emotion, den Enthusiasmus und das Unberechenbare nicht ausreden.
Es gibt nichts Vernünftigeres.
Margit J. Mayer, Journalistin

Die klimatischen Bedingungen in der Hölle sind sicherlich unerfreulich, aber die Gesellschaft dort wäre von Interesse.
Oscar Wilde

Wo wird nach 23 Uhr noch wirklich Sinnvolles gesprochen?
Guido G. Sandler, Manager

Prüde Leute haben eine schmutzige Phantasie.
Jonathan Swift

Kokain ist Gottes Art, dir zu sagen,
dass du zu viel Geld verdienst.
Sting

Die letzte Hand an sein Werk legen,
das heißt verbrennen.
Georg Christoph Lichtenberg

Om!

Wenn der Stress am größten ist,
liegt die Rettung am nächsten:
Augen zu und ganz langsam bis zehn zählen.
In der Weisheit liegt die Kraft.

Das kluge Kind: »Kannst du einen Stern berühren?«,
fragt man es. »Ja«, sagt es, neigt sich und berührt
die Erde.
Hugo von Hofmannsthal

Sie haben das Recht zu denken.
brand eins

Alle großen Wahrheiten sind ursprünglich
Blasphemie.
George Bernard Shaw

Wer sucht, findet nicht. Wer nicht sucht,
wird gefunden.
Franz Kafka

Der wahre Erleuchtete weiß nichts
von seiner Erleuchtung.
Gerschom Scholem (1897–1982),
jüdischer Gelehrter

Wir leben alle unter demselben Himmel,
haben aber nicht alle denselben Horizont.
Konrad Adenauer

Was immer du tust, ist unbedeutend;
aber es ist sehr wichtig, dass du es tust.
Mahatma Gandhi

Derjenige, der nichts von Philosophie in sich hat,
ist immer noch weniger Narr als der, der nichts als
Philosophie in sich hat.
Samuel Butler, englischer Philosoph

Die geheimnisvolle Kraft, die Knoten angeblich
innewohnt, kann schädlich, aber auch
segensreich sein.
Das Ashley-Buch der Knoten

Seid euch selbst ein Licht.
Buddha

Es stolpern mehr Menschen
über ihre Zunge als über ihre Füße.
Tunesische Weisheit

Vergebens predigt Salomo,
die Leute machen's doch nicht so.
Wilhelm Busch

Die Steinzeit ging nicht deshalb zu Ende,
weil die Steine ausgingen.
Ahmed Yamani, saudi-arabischer Politiker

Es ist ein großer Fehler, über die Dinge dieser Welt allgemein und absolut und sozusagen wie in Regeln zu sprechen: Denn beinahe alle Dinge sind verschieden und weichen von der Regel ab angesichts der Mannigfaltigkeit der Umstände, die nicht über einen Leisten zu schlagen sind: Unterschiede und Abweichungen jedoch lehren uns nicht Bücher, sondern die Urteilskraft.
Francesco Guicciardini (1483–1540),
florentinischer Politiker und Diplomat

Es gibt ein Ziel, aber keinen Weg;
was wir Weg nennen, ist Zögern.
Franz Kafka

Zwischen zu früh und zu spät
liegt immer nur ein Augenblick.
Franz Werfel

Handle so, dass die Maxime deines Willens
das Prinzip einer allgemeinen Gesetzgebung
sein könnte.
Immanuel Kant

Vom Tun oder Nichttun eines scheinbar Nichtigen hängt oft das Gelingen des Wichtigsten ab, drum soll man auch im Kleinen behutsam und umsichtig sein.
Francesco Guicciardini

Der klügste General ist derjenige,
der es nie zum Krieg kommen lässt.
Sun Tzu

Wer die Freiheit aufgibt, um Sicherheit zu gewinnen,
verdient weder Freiheit noch Sicherheit.
Benjamin Franklin

Jedes Ding lässt sich von drei Seiten betrachten,
von einer wirtschaftlichen, einer juristischen
und einer vernünftigen.
August Bier, Chirurg

Alles Gescheite ist schon gedacht worden.
Man muss nur versuchen, es noch einmal zu denken.
Johann Wolfgang Goethe

Halt an! Wo läufst du hin! Der Himmel ist in dir.
Angelus Silesius

Gott gebe mir die Gelassenheit, Dinge hinzunehmen, die ich nicht ändern kann, den Mut, Dinge zu ändern, die ich ändern kann, und die Weisheit, das eine vom andern zu unterscheiden.
Friedrich Christoph Oetinger, Theologe

Ich habe gelernt, dass man nicht gestresst sein muss, um etwas zu erreichen.
Renzo Piano, Architekt

Halte dir jeden Tag dreißig Minuten für deine Sorgen frei und mache in dieser Zeit ein Nickerchen.
Abraham Lincoln

Mut, Nerven, Gelassenheit – diese habe ich immer als die wichtigsten Eigenschaften des Managers definiert. Ich kann nicht jeden Tag aufs Neue überrascht sein, wie schlecht die Menschheit ist.
Helmut Maucher, Manager

Die Ruhe ist eine liebenswürdige Frau und wohnt in der Weisheit.
Epicharm

Eifer und Zorn verkürzen das Leben, und Sorge
macht alt vor der Zeit.
Jesus Sirach 30, 26

Dat löppt sich allns torecht.
Ole van Beust

Walk, don't run.
Indianerweisheit

Wer Großes vorhat, lässt sich gerne Zeit.
Sophokles

Nur ein ruhendes Gewässer wird wieder klar.
Tibetisches Sprichwort

Was du tun musst, wenn du ungeduldig bist, ist dies:
Wende dich nach links und frage deinen Tod um Rat.
Ungeheuer viel Belangloses fällt von dir ab,
wenn dein Tod dir ein Zeichen gibt.
Carlos Castaneda

Deine Weisheit sei die Weisheit der grauen Haare,
aber dein Herz – dein Herz sei das Herz
der unschuldigen Kindheit.
Friedrich Schiller

Altern ist nichts für Feiglinge.
Mae West

Ich bin immer aktiv, und wenn eines Tages der Tod
neben mir steht, werde ich sagen: Nein, jetzt habe ich
keine Zeit, da müssen Sie einen Moment warten.
Walde Huth, Fotografin

Um das Wissen älterer Mitarbeiter
wird man sich bald reißen.
Barbara Bierach, Journalistin

Die jungen Leute leiden weniger unter ihren Fehlern
als unter der Weisheit der Alten.
Marquis de Vauvenargues (1715–1747),
französischer Moralist

Die Greise geben gern gute Lehren,
um sich darüber zu trösten, dass sie nicht mehr
imstande sind, schlechte Beispiele zu geben.
François de La Rochefoucauld

Es ist das Schicksal aller Trainer, früher oder später
mit Tomaten beworfen zu werden.
Dino Zoff, früherer italienischer Nationaltrainer

Du bist die Aufgabe. Kein Schüler weit und breit.
Franz Kafka

Wir müssen unserer Jugend zu mehr Selbständigkeit, zu mehr Bindungsfähigkeit, zu mehr Unternehmensgeist und mehr Verantwortungsbereitschaft Mut machen. Wir Älteren aber müssen uns die Frage stellen: Was leben wir den jungen Menschen vor?
Roman Herzog

Zur Humanität eines Meisters gehört,
seine Schüler vor sich zu warnen.
Friedrich Nietzsche

Das Beste an gutem Nachwuchs:
Man kann ihn noch besser machen.
Heiner Brandt, Bundestrainer im Handball

Die ersten vierzig Jahre des Lebens sind der Text,
die restlichen Jahre sind der Kommentar.
Arthur Schopenhauer

Die zweite Hälfte seines Lebens verbringt der Weise damit, sich von den Torheiten, Vorurteilen und irrigen Ansichten zu befreien, die er sich in der ersten zu eigen gemacht hat.
Jonathan Swift

Man wird nicht durchs Älterwerden blöd.
Sondern dadurch, dass man sich der Gegenwart nicht öffnet.
Renzo Piano, Architekt

Erkühne dich, weise zu sein. Energie des Muts gehört dazu, die Hindernisse zu bekämpfen, welche sowohl die Trägheit der Natur als die Feigheit des Herzens der Belehrung entgegensetzen.
Friedrich Schiller

Graue Haare sind eine Krone der Ehren,
die auf dem Wege der Gerechtigkeit gefunden wird.
Salomo

Ist doch nicht wichtig, wie alt man ist.
Man muss bloß leuchten.
Nuala Finnegan, Malerin

Ich möchte nicht durch meine Werke unsterblich werden. Ich möcht unsterblich werden,
indem ich nicht sterbe.
Woody Allen

Alt ist, wer findet, er habe in seinem Leben
nun genug gelernt.
James McCarthy, Architekt

Du bist so jung wie deine Zuversicht.
Albert Schweitzer

Wer die Wahrheit sagt, braucht ein schnelles Pferd.
Chinesisches Sprichwort

Das größte Problem in der Geschichte der
Menschheit ist, dass die Leute, die die Wahrheit
kennen, den Mund nicht aufmachen, und diejenigen,
die von nichts eine Ahnung haben,
bekommt man einfach nicht zum Schweigen.
Tom Waits

Wir sind kein Harmonieverein.
Carl-Peter Forster, Manager

Die volle Wahrheit kann ein tapferes Herz ertragen,
doch nicht die Zweifel, die im Finsteren
an ihm nagen.
Molière

Auf Standpunkten sollte man nicht stehenbleiben.
Horst Tappert

Aufklärung ist Ärgernis; wer die Welt erhellt,
macht ihren Dreck deutlicher.
Karlheinz Deschner, Kirchenkritiker

Die Wahrheit ist ein kostbares Gut,
und deshalb muss man sparsam mit ihr umgehen.
Mark Twain

Vom Wahrsagen lässt sich's wohl leben in der Welt,
aber nicht vom Wahrheit-Sagen.
Georg Christoph Lichtenberg

Jedes überflüssige Wort wirkt
seinem Zwecke entgegen.
Arthur Schopenhauer

Yellow Submarines

»Wenn ich übers Wasser laufe, dann sagen meine Kritiker, nicht mal schwimmen kann er.«
Berti Vogts hat damals schon einen wichtigen Grundsatz erfolgsorientierten Handelns begriffen:
Außergewöhnliche Situationen erfordern außergewöhnliche Maßnahmen.
Vom Mut, es einmal ganz anders zu probieren.

Jump out of your suit.
Werbeslogan von Joop

Ein griechischer Redner fragte, als das Volk
ihm Beifall zurief, betroffen seine Freunde:
»Habe ich etwas Verkehrtes gesagt?«
Baltasar Gracián (1601–1658), spanischer Moralist

Es ist einfacher, ja zu sagen als nein.
In jeder Beziehung.
Karl Lagerfeld

Nur wer gegen den Strom schwimmt,
kommt irgendwann an die Quelle.
Stefan Baron, Journalist

Ich will das Wort Fixkosten nie wieder hören.
Theo Müller, Unternehmer

Eine Schlucht überquert man nicht in zwei Sprüngen.
Chinesisches Sprichwort

Wo kämen wir hin, wenn immer dann, wenn einer
sagt: »Wo kämen wir denn da hin?«, einer hinginge,
um zu sehen, wohin wir dann kämen ...
Stefan P. Wolf, Kommunikationswissenschaftler

Lerne die Regeln, damit du sie richtig brechen kannst.
Dalai Lama

Gar kein Kündigungsschutz ist vielleicht
der beste Kündigungsschutz.
Thomas Straubhaar, Ökonom

Ohne Mut ist das Wissen unfruchtbar.
Baltasar Gracián

Wir gehen tief in die Provinz.
Das ist ausgesprochen positiv gemeint.
Klaus-Peter Müller, Banker

In der Not ist Konsens Nonsens.
Theo Müller, Unternehmer

Bewahre uns der Himmel vor dem ›Verstehen‹.
Es nimmt unserm Zorn die Kraft, unserm Hass
die Würde, unserer Rache die Lust und
noch unserer Erinnerung die Seligkeit.
Arthur Schnitzler

Gut lebt, wer gut im Verborgenen bleibt.
Ovid

Bonjour Success!

Was wirklich zählt im beruflichen Alltag?
Dass wir auch wirklich gerne tun, was wir tun.
Kleiner Leitfaden zum großen Erfolg.

Carpe diem – Nutze den Tag!
Horaz

Je mehr Vergnügen du an deiner Arbeit hast,
desto besser wird sie bezahlt.
Mark Twain

Was aber ist deine Pflicht? Die Forderung des Tages.
Johann Wolfgang Goethe

Arbeit um der Arbeit willen ist gegen die Natur.
John Locke

Tu, was du tust, mit Freude. Und mache dir keine
allzu großen Sorgen über die Konsequenzen –
auch wenn du weißt, dass das Konsequenzen
haben wird.
Humberto Maturana,
chilenischer Systemtheoretiker

Der Aufschub ist der Dieb der Zeit.
Edward Young, englischer Dichter

Man wende die menschlichen Dinge an,
als ob es keine göttlichen, und die göttlichen,
als ob es keine menschlichen gäbe.
Baltasar Gracián (1601–1658),
spanischer Moralist

Arbeit ist keine primäre menschliche Eigenschaft.
Betätigungslust ja. Arbeit nein.
Alexander Kluge

Ordnung führet zu allen Tugenden.
Aber was führet zur Ordnung?
Georg Christoph Lichtenberg

Bevor du dich in die Arbeit stürzt, lehn dich zurück,
schließe die Augen und denk darüber nach,
wie das Ergebnis aussehen soll. Beginne erst dann,
wenn du vor deinem inneren Auge ein klares Bild
davon hast, wie das Ergebnis deiner Arbeit
aussehen soll.
Georg Brandl, Unternehmer

Ich kann Ihnen nur raten:
Hängen Sie Ihr ganzes Herz an die Arbeit.
Leonard Bernstein

Wer die Arbeit kennt und sich nicht drückt,
ist verrückt.
Tick, Trick und Track aus Entenhausen

Erbitte Gottes Segen für deine Arbeit –
aber erwarte nicht, dass er sie auch noch tut.
Norbert Blüm

Eighty percent of success ist showing up for work.
Woody Allen

Kühn ist das Mühen, herrlich der Lohn.
Johann Wolfgang Goethe

Ethisch korrektes Verhalten bedeutet, im Einklang
mit den Interessen der Gesellschaft zu handeln.
Klaus-Peter Müller, Banker

Die Moral versteht sich immer von selbst.
Johannes Fest

Ich kann wenig Glanz an einem Weltreich erkennen,
das zwar die Wogen regieren,
aber seine Abwässer nicht beseitigen kann.
Winston Churchill

Gegen unser kurzfristiges Denken und Handeln
lohnt es sich, ab und zu die Dinge
sub specie eternitatis zu betrachten.
Helmut Maucher, Manager

Verantwortlich ist man nicht nur für das,
was man tut, sondern auch für das,
was man nicht tut.
Laotse

Unmoralisches Verhalten in der Wirtschaft
lässt sich durch gute Führung verhindern.
Wolfgang Reitzle, Manager

Achtung verdient, wer erfüllt, was er vermag.
Sophokles

Um die Welt zu ruinieren, genügt es,
wenn jeder seine Pflicht tut.
Winston Churchill

Wer hört Entschuldigungen,
wenn er Handlungen hören kann?
Georg Christoph Lichtenberg

Es ist besser, du gelobst nichts,
als dass du nicht hältst, was du gelobst.
Salomo

›Anything goes‹ ist die Maxime einer Weltanschauung,
nach der es über das reine Sein hinaus
keine Verbindlichkeiten mehr gibt.
Hans Peter Duerr, Philosoph und Professor
für Ethnologie und Kulturgeschichte

Verantwortung: Solidarität mit dem eigenen
künftigen Selbst.
Claus Offe, Sozialwissenschaftler

Unser größtes Kraftwerk ist die Energieeinsparung.
Ernst Pfister, Politiker

Der Mensch ist nicht dazu bestimmt,
einzelne sittliche Handlungen zu verrichten,
sondern ein sittliches Wesen zu sein.
Nicht Tugenden, sondern die Tugend
ist seine Vorschrift, und Tugend ist nichts anderes
als »eine Neigung zur Pflicht«.

Friedrich Schiller

Eine Sachentscheidung kann man nur
auf der Grundlage von Wissen und Können treffen.
Christof Danzl, Unternehmer

Deine unzufriedensten Kunden
sind deine beste Lernquelle.
Bill Gates

Wer Neues schaffen will, hat alle zu Feinden,
die aus dem Alten Nutzen ziehen.
Niccolò Machiavelli

Fehlende Bildung verhindert eine Dienstleistungsgesellschaft: Die ist nämlich keine Sklavengesellschaft
von Dienern, die nichts von der Welt wissen,
sondern eine Gesellschaft von freiwillig Dienenden,
die darum wissen, dass andere ihnen dienen.
Michael Opielka, Sozialforscher

Es gibt nur einen Ball. Wenn der Gegner ihn hat,
muss man fragen: Warum?
Giovanni Trapattoni

Wenn man einem Menschen trauen kann, erübrigt
sich ein Vertrag. Wenn man ihm nicht trauen kann,
ist ein Vertrag überflüssig.
Paul Getty

Informationen werden zum entscheidenden
Rohstoff des 21. Jahrhunderts.
Ron Sommer

Wissen ohne Tun ist wie Nichtwissen.
Jens Corssen, Psychologe

Wissen macht satt.
Kerstin Fremmel, Journalistin

Es gibt Dinge, die man nur versteht,
wenn man nicht Fachmann ist.
Helmut Maucher, Manager

Man glaubt gar nicht, wie schwer es oft ist,
eine Tat in einen Gedanken umzusetzen.
Karl Kraus

Ein Fürst, der nicht weise ist,
kann auch niemals weise beraten werden.
Niccolò Machiavelli

Guter Rat ist teuer.
Deutsches Sprichwort

Nichts kostet mehr als das, was es umsonst gibt.
Japanisches Sprichwort

Guter Rat ist billiger, als man denkt, wenn man
bedenkt, dass schlechter Rat sehr teuer ist.
Thomas K. Scheffold, Unternehmerberater

Guter Rat ist wie Schnee:
Je leiser er fällt, desto länger bleibt er liegen.
Finnische Weisheit

Mach keine schlechten Gewinne,
sie sind so schlimm wie Verluste.
Hesiod

Fortes fortuna adiuvat –
den Tapferen hilft das Glück.
Terenz

Ein Unternehmen sollte spannend sein.
Die Mitarbeiter brauchen Herausforderungen,
um Sicherheiten zu entwickeln.
Andreas Rihs, Unternehmer »zum Anfassen«

Sag es mir, und ich werde es vergessen.
Zeige es mir, und ich werde mich daran erinnern.
Beteilige mich, und ich werde es verstehen.
Laotse

Durch Anerkennung und Aufmunterung
kann man in einem Menschen
die besten Kräfte mobilisieren.
Charles M. Schwab,
amerikanischer Stahlmagnat

Um fremden Wert willig und frei anzuerkennen
und gelten zu lassen, muss man eigenen haben.
Arthur Schopenhauer

Ein Gedanke kann nicht erwachen,
ohne andere zu wecken.
Marie von Ebner-Eschenbach

Die Herausforderung für Führungskräfte besteht darin, den »Klebstoff« zu liefern, der unabhängige Einheiten in einer von den Kräften der Entropie und Fragmentierung geprägten Welt zusammenhält.
Es gibt nur ein Element, das den Widrigkeiten dieser zentrifugalen Kräfte erwiesenermaßen standhält: das Vertrauen.
Jim O'Toole, Managementberater

Begeisterung spricht nicht immer für den, der sie weckt, aber immer für den, der sie empfindet.
Marie von Ebner-Eschenbach

Das Schönste im Leben ist der Wunsch,
das Zweitschönste ist seine Erfüllung.
Margaret Mitchell

Kopfarbeiter müssen in erster Linie durch Aufgaben geführt werden, die ihnen sinnvoll erscheinen. Und darüber hinaus müssen sie sich in erheblichem Maße selbst führen. Sie sind entweder Selbstorganisierer und Selbstmanager – oder sie sind ineffektiv.
Fredmund Malik, Managementlehrer

Wirkliche Freiheit besteht nur dort, wo eine Vielzahl von Herren es erlaubt, leicht von einem zum anderen zu wechseln.
Nicolás Gómez Dávila,
kolumbianischer Philosoph

Das ganze Glück des Menschen besteht darin,
bei anderen Achtung zu genießen.
Blaise Pascal

Anerkennung ist ein wundersam Ding:
Sie bewirkt, dass das, was an anderen
hervorragend ist, auch zu uns gehört.
Voltaire

Jeden Tag seines Lebens eine feine kleine Bemerkung
einfangen – wäre schon genug für ein Leben.
Christian Morgenstern

Wenn wir gewinnen, spielen wir am Sonntag immer
Fußball; wenn wir verlieren, dann machen wir
einen Waldlauf. Deshalb versuchen wir immer
zu gewinnen.
Kevin Kuranyi

Niemand braucht die Hoffnung aufzugeben,
Anhänger auch für die gewagtesten Hypothesen
zu finden, wenn er nur Geschicklichkeit genug
besitzt, sie in vorteilhaftem Lichte darzustellen.
David Hume

Ich glaube an Verschwendung. Verschwendung ist
unerlässlich für jegliche Kreativität.
Alexander Libermann,
amerikanischer Herausgeber

Wir Ökonomen behaupten: Wenn man den Menschen Anreize gibt, dann reagieren sie auch darauf. Sagt man also jemandem: Wenn du unehrlich bist, zahlt sich das aus, dann ist die Chance groß, dass dieser Jemand zum Schurken wird.
Joseph E. Stiglitz, Wirtschaftswissenschaftler und Nobelpreisträger 2001

Das Geheimnis des Erfolges ist,
den Standpunkt des anderen zu verstehen.
Henry Ford

Ich bin eine angeheuerte Hilfskraft.
Ich bin hier als Teil des Teams.
Mark Hurd, Manager

Keiner ist unersetzbar, aber jeder ist einzigartig.
Alfred Herrhausen

Führen heißt, Dinge, die man als falsch ansieht,
auch zu ändern.
Eckhard Cordes, Manager

Der Vollkommene passt sich dem Gehabe
der Gesellschaft an, ohne sein Selbst zu verlieren.
Laotse

Was nützt die schönste Viererkette,
wenn sie anderweitig unterwegs ist?
Johannes B. Kerner

Das Beste, was eine Führungskraft für ein
»großartiges Team« tun kann, ist, die Teammitglieder
ihre eigene Größe entdecken zu lassen.
Warren Bennis, Managementlehrer

Die Intelligenten sind nicht immer die Einfachsten.
Theo Zwanziger, DFB-Präsident

Selbstvertrauen ist die Quelle des Vertrauens
zu anderen.
François de La Rochefoucauld

Vertrauen entsteht letztlich dann, wenn Führungskräfte ihren Mitarbeitern Respekt erweisen.
Jim O'Toole, Managementberater

Putzfrauen sind oft bessere Planer als Architekten.
Konrad Wachsmann, Architekt

Wenn jeder Spieler 10 Prozent von seinem Ego
an das Team abgibt, haben wir einen Spieler
mehr auf dem Feld.
Berti Vogts

Der Respekt vor der Würde unserer Mitarbeiter
verlangt, dass wir einige einfache und universelle
Fragen beantworten: Was erwarten sie von mir?
Was bekomme ich dafür? Wohin wende ich mich
mit einem Problem?
Fred Smith, Unternehmer

Schwerpunkt Kommunikation:
Zuhören statt zutexten.
brand eins

Die Spieler zu bekommen, das ist leicht.
Sie dazu zu bekommen, dass sie zusammenspielen,
das ist das Schwere.
Casey Stengel, Baseballspieler

Gutes Management besteht darin, durchschnittlichen
Mitarbeitern beizubringen, wie sie die Leistungen
überdurchschnittlicher Mitarbeiter erreichen können.
John D. Rockefeller

Tun Sie alles in Ihren Kräften Stehende,
um Ihren Mitarbeitern den Erfolg zu ermöglichen.
Nur durch ihren Erfolg können Sie Erfolg haben.
Ferdinand F. Fournies, Management-Consultant

Wir, die Privilegierten, bedürfen einer neuen Bescheidenheit und der Wiederentdeckung der Einsicht, dass Natur und Umwelt unseres Planeten nicht beliebig ausbeutbar sind.
Eckart Ehlers, Wirtschaftsgeograph

Tradition ist nicht Bewunderung der Asche, sondern Erhaltung des Feuers.
Peter Fricke, Schauspieler

Ich kann die Achtung aller Menschen entbehren, nur meine eigene nicht.
Otto von Bismarck

Es ist viel wertvoller, stets den Respekt der Menschen als gelegentlich ihre Bewunderung zu haben.
Jean-Jacques Rousseau

Wer was gelten will, muss andere gelten lassen.
Johann Wolfgang Goethe

Die Idee ist da, in dir eingeschlossen.
Du musst nur den überzähligen Stein entfernen.
Michelangelo

Wohl dem, der kein Geld für Marketing hat.
Der kommt auf Ideen.
Christian Sywottek, Journalist

Heiterkeit ist die Mutter von Einfällen.
Marquis de Vauvenargues (1715–1746),
französischer Moralist

Innovation ist die gelungene Umsetzung
einer weitsichtigen Vision.
Dennis Boyle, Design-Ingenieur

Wirklich innovativ ist nur, wer dorthin geht,
wo die anderen nicht sind.
Reinhold Messner

Eine Idee, die nicht gefährlich ist, verdient es nicht,
überhaupt eine Idee genannt zu werden.
Oscar Wilde

Unsere Aufgabe ist es, dem Kunden zu geben,
wovon er noch nicht einmal im Traum wusste,
dass er es haben wollte.
Dewys Lasdon, Designer

Die Geschäfte müssen sich klarmachen,
dass niemand mehr wirklich etwas braucht.
Service, Service und noch einmal Service
ist der Schlüsselfaktor.
Elsa Klench, Journalistin

Eine gute Marke ist wie ein Zombie – jederzeit bereit,
in neuer Gestalt wieder aufzuerstehen.
Jens Bergmann, Journalist

Wer eine gute Mittelklassemarke aufgebaut hat,
tut gut daran, nicht nach dem Luxus-Segment
zu schielen – dort herrschen andere Gesetze.
Wer eine Luxusmarke etabliert hat, sollte dem Reiz
hoher Stückzahlen widerstehen.
Udo Koppelmann, BWL-Professor

Wenn man Erfolg haben will, sollte man sich
hin und wieder anhören, was Marketingabteilungen
sagen. Und dann genau das Gegenteil tun.
Hervé Harcourt, Demoskop

Mein Mann betrachtete mich als seine persönliche
Marktforschung. Sein Lieblingssatz war dann:
»Du bist das Volk!«
Ingeburg Herz, Mitbegründerin eines Kaffee-Konzerns

Die Leute wissen nicht, was sie wollen,
bis man es ihnen anbietet.
Terence Conran, Möbeltycoon

Das Prinzip Marke:
Versprechen muss man halten.
brand eins

Marketingleute wollen Gefühle verkaufen.
Das ist teuer und geht vielen Menschen
auf die Nerven.
Klaus Brandmeyer, Journalist

Zu den wichtigsten latenten Funktionen
der Werbung gehört es, Leute ohne Geschmack
mit Geschmack zu versorgen.
Niklas Luhmann

Wer ist der beste Werber für Pickelcreme?
Ein Jugendlicher ohne Pickel.
Ralf Grauel, Journalist

Am Mute hängt der Erfolg.
Theodor Fontane

Ein Element des Erfolges, egal in welchem Beruf, ist die Lust am Handwerk.
Irène Joliot-Curie, Nobelpreisträgerin für Chemie 1935

Erfolg besteht darin, dass man genau die Fähigkeiten hat, die im Moment gefragt sind.
Henry Ford

Erfolg ist ein schlechter Lehrmeister.
Er lässt sogar kluge Menschen glauben,
sie könnten nicht verlieren.
Bill Gates

Erfolgsregel: Ich jage nie zwei Hasen auf einmal.
Otto von Bismarck

Von nix kommt nix.
Oberschwäbische Bauernweisheit

Um sein Ziel zu erreichen, zitiert selbst der Teufel aus der Bibel.
William Shakespeare

Der Anfang ist die Hälfte des Weges.
Koreanische Weisheit

Ich messe den Erfolg nicht an meinen Siegen,
sonderen daran, ob ich jedes Jahr besser werde.
Tiger Woods

Lass dich nicht davon abbringen, was du unbedingt tun willst. Wenn Liebe und Inspiration vorhanden sind, kann es nicht schiefgehen.
Ella Fitzgerald

Nur im Fluss bleiben,
nur nicht zur Spinne eines Gedankens werden.
Christian Morgenstern

Money Makes the World Go Round

Hier geht's nun wirklich ums Eingemachte.
Und darum, was man mit dem ganz großen Geld
unbedingt oder auf keinen Fall tun sollte.

Gebt das Heilige nicht den Hunden, und werft eure Perlen nicht den Schweinen vor, denn sie könnten sie mit ihren Füßen zertreten und sich umwenden und euch zerreißen.
Matthäus 7,6

Du kannst nicht alles haben.
Wo würdest du es denn hintun?
Steven Wright,
amerikanischer Schriftsteller und Schauspieler

Das Geld ist der allgemeine, für sich selbst konstruierte Wert aller Dinge. Es hat daher die ganze Welt, die Menschheit wie die Natur, ihres eigentümlichen Wesens beraubt. Das Geld ist das den Menschen entfremdete Wesen seiner Arbeit und seines Daseins, und dieses fremde Wesen beherrscht ihn, und er betet es an.
Karl Marx

Wer das schnelle Geld sucht,
vernichtet am Ende oft Kapital.
Gabriele Fischer, Journalistin

Der wilde Kapitalismus macht keinen Sinn und muss durch ein wirtschaftliches System ersetzt werden, das die Effizienz der Mittel und Ressourcen mit der Umwelt und einer besseren Lebensqualität – sowohl in reichen als auch in armen Ländern – verbindet.
Giovanni Alberto Agnelli

Als ich klein war, glaubte ich, Geld sei das Wichtigste
im Leben. Heute, da ich alt bin, weiß ich: Es stimmt.
Oscar Wilde

Wo Geld vorangeht, sind alle Wege offen.
William Shakespeare

Geld schießt keine Tore.
Otto Rehhagel

Die Phönizier haben das Geld erfunden.
Aber warum so wenig?
Johann Nepomuk Nestroy

Reputation ist mit Geld nicht aufzuwiegen.
Klaus-Stefan Hohenstatt, Arbeitsrechtler

Kein Geld ist vorteilhafter angewandt als das,
um welches wir uns haben prellen lassen: Denn wir
haben dafür unmittelbar Klugheit eingehandelt.
Arthur Schopenhauer

Ein Kerl, der spekuliert,
Ist wie ein Tier, auf dürrer Heide,
Von einem bösen Geist im Kreis herumgeführt,
Und ringsumher liegt schöne grüne Weide.
Johann Wolfgang Goethe

Ich bin froh, dass mir Investoren
auf die Finger gucken.
*Lutz Göbel, Arbeitsgemeinschaft
Selbständiger Unternehmer*

Wir leben nicht mehr im alten Schornstein-kapitalismus, wo klare Hierarchien das Erfolgsmodell schlechthin waren, weil sie kurze und klare Wege ermöglichten. Andererseits sind wir aber auch noch nicht in der Dienstleistungsgesellschaft angekommen, in der Märkte und Kunden vermitteln, was Unternehmen tun und lassen sollen.
Reinhard K. Sprenger, Managementberater

Open Source hat nichts mit Kommunismus zu tun – aber jede Menge mit einem offenen Markt.
Marcus Hammerschmidt, Journalist

Der ›Real-Sozialismus‹ scheiterte, weil er in Wirklichkeit keiner war, der Kapitalismus des ausgehenden 20. Jahrhunderts aber wird mit und ohne Marx scheitern, weil er einer ist.
Gregor Gysi

Der Kapitalismus basiert auf der merkwürdigen
Überzeugung, dass widerwärtige Menschen
aus widerwärtigen Motiven irgendwie
für das allgemeine Wohl sorgen werden.
John Maynard Keynes

Bei Aufkäufen geht es darum, Marktanteile
zu erwerben. Unsere Aufgabe ist aber, neue Märkte
zu schaffen. Das ist etwas ganz anderes.
Peter Job, Manager

Es ist einfacher, ein Unternehmen zu liquidieren,
als es zu verändern.
Tom Peters, Managementlehrer

Dieu est mort, Marx est dans la merde, et moi, ça va.
gelesen auf einer öffentlichen Toilette in Paris

Operator of a Pocket Calculator

Vom Umgang mit mathematischen Größen.
Nichts für Erbsenzähler.

Alles ist Zahl.
Pythagoras

Mit echten Gefühlen und falschen Zahlen
lässt sich jede Vernunft ruinieren.
N.N.

Immer und immer wieder bitte ich:
weniger Zahlen, dafür gescheitere.
Lenin

Es war die Art zu allen Zeiten
Durch Drei und Eins und Eins und Drei
Irrtum statt Wahrheit zu verbreiten.
Johann Wolfgang Goethe

Je schöner die Tabellen, desto eher glaubt man ihnen.
Peter Littmann, Markenberater

Daten liefern Stoff zum Nachdenken –
aber sie nehmen uns die Denkarbeit nicht ab.
Ron Zemke und Kristin Andersen,
Managementberater

Mathematik ist eine Bedingung
aller exakten Erkenntnis.
Immanuel Kant

Die Genialität einer Konstruktion liegt in
ihrer Einfachheit. Kompliziert bauen kann jeder.
Sergej P. Koroljow, russischer Raumfahrtpionier

Die Mathematik vermag kein Vorurteil wegzuheben,
sie kann den Eigensinn nicht lindern,
den Parteigeist nicht beschwichtigen,
nichts von allem Sittlichen vermag sie.
Johann Wolfgang Goethe

Der gute Mensch soll sich hüten vor den
Mathematikern ... Es besteht nämlich die Gefahr,
dass die Mathematiker mit dem Teufel im Bunde
den Geist trüben und den Menschen
in die Bande der Hölle verstricken.
Augustinus

Insofern sich die Sätze der Mathematik
auf die Wirklichkeit beziehen, sind sie nicht sicher,
und insofern sie sicher sind, beziehen sie sich nicht
auf die Wirklichkeit.
Albert Einstein

Man hört, nur die Mathematik sei gewiss;
sie ist es nicht mehr als jedes andere Wissen und Tun.
Sie ist gewiss, wenn sie sich klüglich nur mit Dingen
abgibt, über die man gewiss werden
und insofern man darüber gewiss werden kann.
Johann Wolfgang Goethe

Alles Große und Edle ist einfacher Art.
Gottfried Keller

Wirklich ist, was sich messen lässt.
Max Planck

Das Leben wird nicht gemessen an der Zahl
unserer Atemzüge, sondern an den Augenblicken,
die wir als atemberaubend erleben.
Jürgen Horstmann, Unternehmer

Mathematik ist das Alphabet, mit dessen Hilfe
Gott das Universum beschrieben hat.
Galileo Galilei

Die Zahl 137 ist eine der größten und verdammten
Mysterien der Physik: eine magische Zahl, die zu uns
kommt, ohne dass sie jemand versteht. Man könnte
sagen, die Zahl wurde von Gott geschrieben, um uns
zum Narren zu halten.
Richard Feynman, Physiker

Es gibt Dinge, die den meisten Menschen unglaublich
erscheinen, die nicht Mathematik studiert haben.
Archimedes

Die Mathematik befriedigt den Geist durch ihre außerordentliche Gewissheit.
Johannes Kepler

Wenn nicht mehr Zahlen und Figuren
Sind Schlüssel aller Kreaturen,
Wenn die, so singen oder küssen,
Mehr als die Tiefgelehrten wissen,
Wenn sich die Welt ins freie Leben
Und in die Welt wird zurückbegeben,
Wenn dann sich wieder Licht und Schatten
Zu echter Klarheit werden gatten
Und man in Märchen und Gedichten
Erkennt die ew'gen Weltgeschichten,
Dann fliegt vor einem geheimen Wort
Das ganze verkehrte Wesen fort.
Novalis

Life Is Just One Damned Thing After Another

Von den Mühen der Ebene. Und der Erkenntnis, dass Sisyphos alles andere als ein Mythos ist.

Bleibn's ruhig, dann geht's schneller!
Bayrische Volksweisheit

Den Lahmen zum Gehen verhelfen!?
Nein, den Gehenden zum Fliegen!
Peter Altenberg (1859–1919),
österreichischer Schriftsteller

Im Raumfahrtzeitalter wird der Mensch
in der Lage sein, in zwei Stunden um die Welt
zu fliegen – eine Stunde Flugzeit und eine Stunde
Anfahrt zum Flughafen.
Neil H. McElroy, Ex-Verteidigungsminister der USA

Flugzeuge sind Grenzkosten mit Flügeln.
Alfred E. Kahn, Ökonom

Fliegen, wenn schwerer als Luft, ist unmöglich!
Simon Newcomb (1835–1909),
Nobelpreisträger der Physik

Ich glaube an das Pferd. Das Automobil
ist eine vorübergehende Erscheinung.
Wilhelm II.

Die Autobahnen sind voll von rücksichtslosen
Lenkern, die zu dicht vor dir fahren.
Sam Ewing, Humorist

Die hohe Verkehrsdichte wird Mobilitätserlebnisse
nur noch zu bestimmten Zeiten
und auf wenigen Strecken vermitteln.
Otto Flimm, Unternehmer und Präsident des ADAC

Fast 99 Prozent unserer Gene haben wir
mit dem Schimpansen gemeinsam –
spätestens nach einer Stunde auf einer deutschen
Autobahn wird das auch jedem deutlich.
Hans-Georg Häusel, Psychologe

Ich gehe, ich fahre nicht mit dem Auto.
Renzo Piano, Architekt

Wenn Sie glauben, alles unter Kontrolle zu haben,
fahren Sie noch nicht schnell genug.
Mario Andretti, Rennfahrer

When I hear somebody sigh »Life ist hard«,
I am always tempted to ask »compared to what?«
Sydney J. Harris, Journalist

Ganz ehrlich: Was mich am meisten stört an meinem Job als Chef der US-Zentralbank, ist die Tatsache, dass ich einen Anzug tragen muss.
Ben S. Bernanke

Kalte Füße sind lästig. Besonders die eigenen.
Wilhelm Busch

Kleinigkeiten machen immer die größte Mühe.
Oscar Wilde

Handeln wie *Hans im Glück:* Wir sollten uns so oft wie möglich von unnötigem Ballast befreien.
Ernestine Krummbiegel, Glücksforscherin

Ich verlange von einer Stadt, in der ich leben soll: Asphalt, Straßenspülung, Haustorschlüssel, Luftheizung, Warmwasserleitung. Gemütlich bin ich selbst.
Karl Kraus

Das Streben nach geschäftlichem Erfolg
ist wie eine Kanufahrt stromaufwärts:
Wer aufhört zu paddeln, wird abgetrieben.
Georg von Werz, Manager

Wer zu früh Erfolg hat, fängt an,
sich selbst zu kopieren.
Friedensreich Hundertwasser

Unsere Fehlschläge sind oft erfolgreicher
als unsere Erfolge.
Henry Ford

Ich habe zehn Gebote. Die ersten neun heißen:
Du sollst nicht langweilen! Das zehnte lautet:
Du sollst das Recht auf den Endschnitt haben.
Billy Wilder

Das Denken ist in den Zwischenräumen
der Gewohnheiten versteckt.
John Dewey (1859–1952),
amerikanischer Philosoph und Pädagoge

Der Mensch ändert eher das Antlitz der Erde
als seine Gewohnheiten.
Eleonora Duse

Es ist in vielen Dingen eine schlimme Sache
um die Gewohnheit. Sie macht, dass man Unrecht
für Recht und Irrtum für Wahrheit hält.
Georg Christoph Lichtenberg

Nichts bedarf so sehr der Reform
wie die Gewohnheiten der Mitmenschen.
Mark Twain

Der Mensch lebt durch die Gewohnheit,
aber für seine Aufregungen und Sensationen.
William James (1842–1910),
amerikanischer Psychologe und Philosoph

Die Fesseln der Gewohnheit sind meist so fein,
dass man sie gar nicht spürt. Doch wenn man sie
spürt, sind sie schon so stark, dass sie sich
nicht mehr zerreißen lassen.
Samuel Johnson (1709–1784),
englischer Gelehrter

Die meisten leben in den Ruinen
ihrer Gewohnheiten.
Jean Cocteau

Manchmal muss man verreisen, um das Glück
am eigenen Herd wieder schätzen zu können.
Ernestine Krummbiegel, Glücksforscherin

Gewohnheiten mögen nicht so weise sein
wie Gesetze, sind aber immer beliebter.
Benjamin Disraeli

Obgleich die Welt ja, sozusagen,
Wohl manchmal etwas mangelhaft,
Wird sie doch in den nächsten Tagen
Vermutlich noch nicht abgeschafft.
Wilhelm Busch

Wenn Sie das Leben kennen,
geben Sie mir doch bitte seine Anschrift.
Jules Renard, französischer Schriftsteller

Sechs Tage sollst du deine Arbeit tun;
aber des siebenten Tages sollst du feiern, auf dass
dein Ochs und Esel ruhen und deiner Magd Sohn
und der Fremdling sich erquicken.
2. Buch Mose 23,12

Wir sind so gern in der Natur,
weil diese keine Meinung über uns hat.
Friedrich Nietzsche

Es gibt kein Glück ohne Müßiggang,
und nur das Nutzlose bereitet Vergnügen.
Anton Tschechow

Die Menschen sollen unbeschwert
die Umgebung angucken können.
Gerd Weiße zur Entwicklung einer
Automatikgangschaltung für Fahrräder

Müßiggang ist allen Geistes Anfang.
Franz Werfel

Der größte Sinnesgenuss, der gar keine Einmischung
von Ekel bei sich führt, ist, im gesunden Zustande,
Ruhe nach der Arbeit.
Immanuel Kant

Natürlich fühlt man sich verpflichtet, seinen Urlaub
zu genießen, man ›muss Spaß haben‹ – man fühlt
sich sonst ja geradezu schuldig.
Slavoj Žižek, Philosoph und Psychoanalytiker

Vor lauter Globalisierung und Computerisierung
dürfen die schönen Dinge des Lebens wie Kartoffeln –
oder Eintopfkochen nicht zu kurz kommen.
Angela Merkel

Freizeit ist gut – wenn man kultiviert ist.
Aber beschränkte Mittel und dazu keine Kultur und
Freizeit: Das kann nur vor dem Fernseher enden.
Karl Lagerfeld

Fußball ist das Heraustreten aus dem versklavten
Ernst des Alltags in den freien Ernst dessen, was nicht
sein muss und deshalb so schön ist.
Benedikt XVI.

Ein Jammer, dass nicht mehr Leute Tennis spielen.
Martina Navratilova

Der Leichtsinn ist ein Schwimmgürtel
für den Strom des Lebens.
Ludwig Börne (1786–1837), Journalist

Enemy Mine – Geliebter Feind

Für Machiavellisten und Menschen
in Führungspositionen.
Weil das Leben oft härter ist, als man denkt.

»Wie viel Mann sind hinter uns her?« – »Alle ...«
Butch Cassidy and the Sundance Kid

Für den, der auf der Spitze des Berges steht,
pfeift immer der Wind.
Walter Droege, Unternehmer

Am Schreibtisch spürt man nicht, wie der Wind weht.
Helmut Maucher, Manager

Wer dich fürchtet, wenn du da bist,
wird dich hassen, wenn du nicht da bist.
Englisches Sprichwort

Die größte Gefahr lauert im Moment des Sieges.
Napoleon Bonaparte

Ich habe keine Feinde.
Das würden die nicht überleben.
Hermann Bauer, Bühnenbildner

Wir fressen einander nicht, wir schlachten uns bloß.
Georg Christoph Lichtenberg

Leichen im Keller machen nur unglücklich.
Ernestine Krummbiegel, Glücksforscherin

Herr, vergib ihnen, denn sie wissen, was sie tun.
Karl Kraus

Zuverlässige Informationen sind unbedingt nötig
für das Gelingen eines Unternehmens.
Christoph Kolumbus, Seefahrer

Ein Unternehmer ist selbst ein Mensch,
und zwar ein echter Mensch. Und wenn er mit der
Masse kommunizieren kann, ist er auch ein guter
Menschenkenner, mit allen Vorzügen und Fehlern
eines Menschen.
Nicolas G. Hayek, Unternehmer

Kostenersparnis ist nicht alles.
Siegfried Gänßlein, Manager

Erstes Ziel ist es, die größten Flaschen zu verkaufen.
Gibt es noch Pfand dafür, super. Gibt es nichts, auch gut.
Karl-Heinz Thielen, Sportfunktionär

Ich schlage vor, Management
als Handwerk zu begreifen.
Fredmund Malik, Managementlehrer

More pepper, less paper.
Angelsächsicher Appell an Führungskräfte

Leitbilder sind keine Visionen einer besseren Welt.
Sie sind ein klares Versprechen, aus Chancen
Tatsachen zu machen.
Wolf Lotter, Journalist

Es muss der Held nach altem Brauch
den tierisch rohen Mächten unterliegen.
Heinrich Heine

Charakter ist eine Reise, kein Bestimmungsort.
Bill Clinton

Der Floh macht dem Löwen
mehr zu schaffen als der Löwe dem Floh.
Afrikanisches Sprichwort

Jedes Mal, wenn wir ein Amt besetzen,
schaffen wir hundert unzufriedene
und einen undankbaren Menschen.
Ludwig XIV.

Man kennt nur diejenigen, von denen man leidet.
Johann Wolfgang Goethe

Autorität ist das Vermögen,
die Zustimmung anderer zu gewinnen.
Bertrand de Jouvenel, Zukunftsforscher

Wo Chef und Stellvertreter immer die gleichen
Ansichten vertreten, ist einer überflüssig.
Winston Churchill

Es ist erlaubt, sich vom Feind belehren zu lassen.
Ovid

Mein Gott, bewahre mich vor meinen Freunden,
mit meinen Feinden werde ich allein fertig.
Voltaire

Keinen größeren Feind hat der Mensch als sich selbst. Fast alle üblen Gefahren und Mühen, die nicht zu sein brauchten, schafft er sich selbst durch übergroße Begehrlichkeit.
Francesco Guicciardini (1483–1540), florentinischer Politiker und Diplomat

Im Krieg ist die Wahrheit so kostbar, dass sie immer von einer Leibwache von Lügen umgeben sein sollte.
Winston Churchill

Nichts macht die Menschen vertrauter und gegeneinander gutgesinnter als gemeinschaftliche Verleumdung eines Dritten.
Jean Paul

Dem Klugen nützen seine Feinde mehr
als dem Dummen seine Freunde.
Baltasar Gracián (1601–1658), spanischer Moralist

Stellen Sie sich eine Welt mit zehn Millionen Schafen
und zehn Füchsen vor, was glauben sie,
wer da den Ton angibt? Alle Geistessysteme, die vom
Besten im Menschen ausgehen, verbreiten eine
Schafsethik, bei der am Ende die Füchse regieren.
Harro von Senger, List-Forscher

Horch auf die Verleumder,
so wirst du die Wahrheit über dich erfahren.
Arthur Schnitzler

Das Leben am Hof ist ein langes, trauriges
Schachspiel, das von uns verlangt, unsere Figuren
und Formationen aufzubauen, einen Plan zu
entwerfen, diesen zu verfolgen und den unseres
Gegners zu parieren. Doch manchmal ist es besser,
Risiken einzugehen und einen höchst kapriziösen,
unvorhersehbaren Zug zu machen.
Jean de la Bruyère

Hätte Machiavelli einen Prinzen als Schüler gehabt,
er hätte ihm als Erstes empfohlen,
gegen ihn zu schreiben.
Voltaire

Suche dir einen mächtigeren Gegner.
Als David hast du immer alle Sympathien.
Ulf J. Froitzheim, Journalist

Ziehe viele darüber zu Rate, was du tun sollst,
aber teile nur wenigen mit, was du ausführen wirst.
Niccolò Machiavelli

Mancher ertrinkt lieber, als dass er um Hilfe ruft.
Wilhelm Busch

Ich habe auch Zettel bei mir –
aber ich verzettele mich nicht.
Jupp Heynckes

Lache nie über die Dummheit der anderen.
Sie ist deine Chance.
Winston Churchill

Ein Kompromiss ist vollkommen,
wenn alle unzufrieden sind.
Aristide Briand

Seine Geschicklichkeit verbergen zu können
ist ein Zeichen großer Geschicklichkeit.
François de La Rochefoucauld

Die Fliege, die nicht geklappt sein will,
setzt sich am besten auf die Klappe selbst.
Georg Christoph Lichtenberg

Wir haben weder die Kraft noch die Gelegenheit,
all das Gute und Böse zu tun, das wir planen.
Marquis de Vauvenargues (1715–1747),
französischer Moralist

Verfolge dein Ziel, als ob du es nicht hättest;
und tue das, was du tust, so gut du heute kannst.
Jens Corssen, Psychologe

Man muss zugeben, dass es unmöglich ist,
in der Welt zu leben, ohne von Zeit zu Zeit Komödie
zu spielen. Es nur im Notfall zu tun
und um der Gefahr zu entgehen,
unterscheidet den Mann von Rang
vom Spitzbuben, der den Gelegenheiten
zuvorkommt.
Nicolas-Sébastien Roch Chamfort

Wer nie eine Chance auf die Macht bekommt,
wird wunderlich.
Peter Ehrlich, Journalist

Wer gar zu viel bedenkt, wird wenig leisten.
Friedrich Schiller

Leb jetzt, zahl später

Aber womit? Mit der Diners-Club-Karte?
Mit der Sintflut? Ein paar nützliche Gedanken
über die Zukunft.

Wenn es keine Perspektive mehr gibt,
muss man sich verhauen lassen.
Helmut Knüfer, Manager

Der Schutz der Rechte der kommenden Generationen sollte einem Organ unterstehen, das eine vergleichbare Autonomie genießt wie ein Gericht oder wenigstens wie die Deutsche Bundesbank.
Vittorio Hösle, Philosoph

Ich denke viel an die Zukunft, weil das der Ort ist, wo ich den Rest meines Lebens zubringen werde.
Woody Allen

Nicht in die ferne Zeit verliere dich!
Den Augenblick ergreife, der ist dein.
Friedrich Schiller

Wer eine Prognose stellt, sagt mehr über sich als über die Zukunft.
Gerhard Pretting, Medientheoretiker

Es ist nicht gesagt, dass es besser wird, wenn es anders wird. Wenn es aber besser werden soll, muss es anders werden.
Georg Christoph Lichtenberg

Es ist besser, Genossenes zu bereuen,
als zu bereuen, dass man nichts genossen hat.
Giovanni Boccaccio

Wenn man viel hineinzustecken hat,
so hat ein Tag hundert Taschen.
Friedrich Nietzsche

Die Zukunft hat viele Namen. Für die Schwachen
ist sie das Unerreichbare, für die Furchtsamen
das Unbekannte, für die Tapferen ist sie die Chance.
Victor Hugo

Der eine wartet, dass die Zeit sich wandelt,
der andere packt sie an und handelt.
Dante Alighieri

Die Zeit wird kommen, da der Mensch
das Gute tun wird, weil es das Gute ist – und nicht,
weil er Belohnung erwartet.
Gotthold Ephraim Lessing

Hören Sie auf, die Songs von gestern zu singen.
Schreiben Sie die Noten von morgen.
Kjell Nordström, Stockholm School of Economics

Es ist nie gut, mit den Augen der Furcht
in die Zukunft zu blicken.
Eward Henry Harriman,
amerikanischer Eisenbahnmagnat

Die Ursache liegt in der Zukunft.
Heinz von Foerster, Systemtheoretiker

Mit den alten Hierarchien wurden auch die Klarheit
und die Orientierung, die sie boten, beseitigt.
Natürlich brauchen mündige Menschen keine
Bevormundung, aber sie brauchen klare Strukturen.
Reinhard K. Sprenger, Managementberater

Die Zukunft. Schon wieder.
Aber diesmal im Ernst.
Peter Lau, Journalist

Wer Gefahren wagt, ohne zu bedenken, wie groß sie
sind, ist lediglich ein dummes Tier; tapfer ist nur,
wer die Gefahr kennt und sie aus Not oder achtbarem
Grund trotzdem auf sich nimmt.
Francesco Guicciardini (1483–1540),
florentinischer Politiker und Diplomat

Die Chance klopft öfter an, als man meint,
aber meistens ist niemand zu Hause.
Will Rogers, Komiker

Die Zukunft lässt sich am besten vorhersagen,
indem man sie erfindet.
Alan Kay, Computer-Pionier

Uns hilft keiner dabei, unsere Welt zu bauen.
Das ist unser Job.
Daniel Sliwiok, Student und Mitbegründer des Vereins Deutschlander

Nichts auf der Welt ist so mächtig
wie eine Idee, deren Zeit gekommen ist.
Victor Hugo

Die Zukunft birgt große Chancen, aber auch
Fallstricke. Der Trick ist, den Fallstricken zu entgehen,
die Chancen zu nutzen und bis sechs Uhr
wieder zu Hause zu sein.
Woody Allen

Ebenso suche die Weisheit für deine Seele!
Wenn du sie gefunden hast, so gibt es Zukunft,
und deine Hoffnung wird nicht vernichtet.
Sprüche 24,14

Obwohl der Tod fast das einzige Ereignis ist,
das mit Sicherheit eintreten wird,
bereiten wir uns kaum je darauf vor.
Daniela Tausch-Flammer, Psychotherapeutin und Leiterin eines Sterbe-Hospizes

Sei jedem Abschied voran, als läge er hinter dir.
Rainer Maria Rilke

Wenn das Essen nach der Revolution
nicht besser schmeckt, wird die Revolution
ein Fehler gewesen sein.
Leo Trotzki

Der Countdown läuft, vielleicht gibt es sie doch,
die Ort gewordene Utopie, da wollen wir leben,
dabei sein!
Heinz Teufel, Kunsthändler und Galerist

Wir haben die historische Chance, die interessanteste
Phase der Geschichte mitzuerleben. Alle, wirklich
alle Tätigkeiten, die wiederholbar sind, werden
automatisiert werden – das ist die Vorraussetzung
für das Reich der Freiheit, im dem sich jeder
schöpferisch betätigen kann.
Mihai Nadin, Philosoph und Computerexperte

Unser Leben *ist* kein Traum –
aber es soll und wird vielleicht einer werden.
Novalis

Binde deinen Wagen an einen Stern.
Ralph Waldo Emerson

Alles, was ein Mensch sich heute vorstellen kann,
werden andere Menschen einst verwirklichen.
Jules Verne

Erzählen Sie mir nicht, dass die Menschheit
dort nicht hingehört. Die Menschheit gehört dorthin,
wo immer sie auch hingehen will. Und wenn sie
erst einmal dort ist, wird sie viel erreichen.
Wernher von Braun, Raumfahrttechniker

Die Utopien von heute
sind die Realitäten von morgen.
Henri Dunant

All eure Dinge
lasset in der Liebe geschehen …

Weil sie es ist, die uns Flügel verleiht.
Nur keine Angst vor dem Fliegen.

Der Geist baut das Luftschiff,
die Liebe aber macht gen Himmel fahren.
Christian Morgenstern

Ich fürchte nichts – nichts –
als die Grenzen deiner Liebe.
Friedrich Schiller

Und glaube nicht, du kannst den Lauf
der Liebe lenken, denn die Liebe, wenn sie dich
für würdig hält, lenkt deinen Lauf.
Khalil Gibran, libanesischer Maler und Philosoph

Amors Pfeil hat Widerspitzen,
wen er traf, der lass ihn sitzen
und erduld ein wenig Schmerz!
Gottfried August Bürger

Wer nie um der Liebe Willen gelitten hat,
der hat auch nie Glück durch sie erfahren.
Gottfried von Straßburg

Kein steinern Bollwerk kann der Liebe wehren.
Und Liebe wagt, was irgend Liebe kann.
William Shakespeare

Es ist das Herz ein trotzig und verzagt Ding;
wer kann es ergründen?
Jeremia 17,9

Liebe ist die beständigste Macht der Welt.
Martin Luther King

Liebe macht vollkommen.
Michelangelo

Man verzeiht, solange man liebt.
François de La Rochefoucauld

Die Hoffnung ist es, die die Liebe nährt.
Ovid

Liebe ist kein Solo. Liebe ist ein Duett.
Schwindet sie beim einen, verstummt das Lied.
Adalbert von Chamisso

Das gute Leben ist von Liebe beseelt
und vom Wissen geleitet.
Bertrand Russell

Alter schützt vor Liebe nicht,
aber Liebe schützt manchmal vor Alter.
Jeanne Moreau

Die Liebe ist ein großartiges Schönheitselixier.
Louisa May Alcott, amerikanische Schriftstellerin

Es ist besser ein Gericht Kraut mit Liebe,
denn ein gemästeter Ochs mit Hass.
Sprüche 15,17

Die Vernunft begreift nicht die Interessen
des Herzens.
Marquis de Vauvenargues (1715–1747),
französischer Moralist

Trennung verringert mittelmäßige Leidenschaften
und vergrößert starke, wie der Wind
Kerzen auslöscht und Feuer entfacht.
François de La Rochefoucauld

Die Liebe erträgt alles, sie glaubt alles, sie hofft alles,
sie duldet alles. Die Liebe hört niemals auf.
1. Korintherbrief 13,7-8

Plane dein Privatleben mit der gleichen Sorgfalt,
die du auch in deinem Berufsleben anwendest.
Guido G. Sandler, Manager

Eine gute Ehe ist ein Interview,
das nie zu Ende geht.
Gregory Peck

Vielleicht ist das Band, das eine Ehe zusammenhält,
für Außenstehende bisweilen so unverständlich,
weil man es nicht sieht.
Jeanne Moreau

Nichts ist beglückender, als den Menschen zu finden,
den man den Rest des Lebens ärgern kann.
Agatha Christie

Zank ist der Rauch der Liebe.
Ludwig Börne (1786–1837),
Journalist

Hat versalzen dir die Suppe
Deine Frau, bezähm die Wut,
Sag ihr lächelnd: Süße Puppe,
Alles, was du kochst, ist gut.
Heinrich Heine

Der liebt nicht, der die Fehler des Geliebten
nicht für Tugenden hält.
Johann Wolfgang Goethe

Eine Ehe muss mit Phantasie betrieben werden.
Knut Hamsun, norwegischer Dichter

Das große Geheimnis einer glücklichen Ehe ist,
alle Fehler vor der Hochzeit zu zeigen
und die liebenswerten Eigenschaften erst nach
der Heirat zu entfalten.
Liselotte Pulver

Es ist schlimm, wenn zwei Eheleute einander
langweilen; viel schlimmer jedoch ist es, wenn
nur einer von ihnen den anderen langweilt.
Marie von Ebner-Eschenbach

Man kann Liebe selten zu spät,
immer zu bald gestehen.
Jean Paul

Ich wäre lieber Bettlerin und ledig als Königin
und verheiratet.
Königin Elisabeth I.

Männer können lernen, Brunftschreie zu imitieren und Fährten zu lesen. Aber nicht, sich Hochzeitstage zu merken.
Roy Robson, Modeschöpfer

Die Ehe könnte die schönste Sache der Welt sein, wenn es mehr Kür und weniger Pflicht gäbe.
Jeanne Moreau

Nicht nur fort sollst du dich pflanzen, sondern hinauf! Dazu helfe dir der Garten Ehe!
Friedrich Nietzsche

Best Friends

Wirtschaft hin oder her: Eine dicke Havanna
unter Freunden muss einfach mal sein!

Egal, wie das Wetter ist, ich sage immer –
raus aus den nassen Klamotten und rein
in 'nen trockenen Martini.
Billy Wilder

Ein loyaler Freund ist so viel wert
wie zehntausend Verwandte.
Euripides

Den sicheren Freund erkennt man
in unsicherer Sache.
Ennius

Ein neuer Freund ist ein neuer Wein;
lass ihn alt werden, so wird er dir wohl schmecken.
Jesus Sirach 9, 15

Was hat man außer Freunden? Nicht viel.
Stefan P. Wolf, Kommunikationswissenschaftler

Zu mir kommen Menschen,
um sich ihre Belohnung für den Tag abzuholen.
Charles Schumann, Barmann in München

Die Freundschaft, die der Wein gemacht,
wirkt wie der Wein, nur eine Nacht.
Friedrich von Logau

Ein Freund ist einer, der alles von dir weiß,
und der dich trotzdem liebt.
Elbert Hubbard, Autor und Verleger

Die Freundschaft fließt aus vielen Quellen,
am reinsten aus dem Respekt.
Daniel Defoe

Eigennutz ist die Klippe,
an der jede Freundschaft zerschellt.
Ludwig Tieck

Auf der höchsten Stufe der Freundschaft
offenbaren wir dem Freunde nicht unsere Fehler,
sondern die seinen.
François de La Rochefoucauld

TV und andere Drogen

Bloß nicht alles glauben, was man so liest, hört oder sieht. Kleine Medienkunde zum Abschalten.

Zeitungen: heute Nachrichtenblatt, morgen
Klopapier und übermorgen Kulturgeschichte. –
Da sehen Sie, wie es um unsere Geschichte
bestellt ist.
Andreas Dunker, Karikaturist

Journalistik ist die Kunst, das Volk glauben
zu machen, was die Regierung für gut befindet.
Heinrich von Kleist

Das Recht auf Pressefreiheit korrespondiert
mit der Pflicht, diese auch zu nutzen.
Hans Werner Kilz, Journalist

Die Bildkaskaden der audiovisuellen Medien
erheben kaum Anspruch auf aktives Erinnern.
Zur Gedächtnispolitik kommerzialisierter
Kommunikation gehört es, dass die Bilder auf
vergessensintensive Serialität angelegt sind,
nicht auf bewertendes Erinnern. Erinnern, das
einen Riss im Informationskontinuum voraussetzt,
wird unwahrscheinlich und störend.
Siegfried J. Schmidt, Kommunikationstheoretiker

Fernsehen entwickelt sich zunehmend
zu einem Instrument der politischen Sedierung
und Ablenkung.
Heidi Schüller, Journalistin

Politik ist eine Simulation, die Lösungen vorgaukelt.
Die Medien simulieren die Aufdeckung dieser
Simulation und manipulieren dadurch auf ihre Art.
Christoph Schlingensief

Nur wer auf ein bestimmtes Quantum an
Information verzichtet, bekommt die Chance,
mehr als die Eingeweihten zu erreichen –
eine Grunderkenntnis erfolgreicher Wirtschafts-
berichterstattung.
Michael Radtke, Journalist

Für mich sitzen in den Talk-Shows viel zu viele Leute
mit einem Monatseinkommen von 20 000 Euro
herum, die denen mit 2000 sagen,
sie müssten den Gürtel enger schnallen.
Harald Schmidt

Nie wird vor dem Bildschirm
eine der schönsten Eigenschaften des Menschen
geweckt werden: das Staunen.
Ernst Beyeler, Sammler und Galerist

Der Information-Superhighway kann vieles
erleichtern und beschleunigen, aber er wird nie
das Reisen, die Romantik, die Begegnung,
die Sinnlichkeit, die Gefühle und
unser aller prall gelebtes Leben ersetzen.
Florian Langenscheidt

Als ich mein Amt angetreten habe,
wussten nur Teilchenphysiker, was das Web ist.
Jetzt hat sogar meine Katze eine eigene Homepage.
Bill Clinton

Unterhaltung hat eindeutig etwas mit Haltung zu tun.
Stefan P. Wolf,
Kommunikationswissenschaftler

Eine öffentliche Meinung
gibt es nur dort, wo Ideen fehlen.
Oscar Wilde

Wir dürfen nicht in Gefahren hineintaumeln,
die akuter und gefährlicher sind als Kernenergie.
Helmut Schmidt zur Einführung
des Privatfernsehens 1983

Das Fernsehen wird primär als eine wohldefinierte
Methode zur genussreichen Gehirnwäsche eingesetzt;
es dient der Selbstmedikation. Wer es abschaffen
möchte, sollte die Alternativen ins Auge fassen.
Hier ist in erster Linie an den Drogenkonsum
zu denken, von der Schlaftablette bis zum Koks,
von Alkohol bis zum Betablocker, vom Tranquilizer
bis zum Heroin. Fernsehen statt Chemie ist sicher
die elegantere Lösung.
Hans Magnus Enzensberger, 1988

Es gibt kein richtiges Fernsehen im falschen.
Christiane zu Salm

Fernsehen ist nichts weiter
als das elektronische Herdfeuer der Familie.
Stefan P. Wolf,
Kommunikationswissenschaftler

Kunst ist eine Lüge, die uns die Wahrheit erkennen lässt

Fünfunddreißig weitere Argumente,
warum es sich lohnt, von Zeit zu Zeit
den kulturellen Schweinehund
zu überwinden.

Mit Politik kann man keine Kultur machen,
aber vielleicht mit Kultur Politik.
Theodor Heuss

Beschäftigen Sie sich mit dem Besten, was Menschen
je geschaffen haben, und versuchen Sie dann,
dies in Ihre Arbeit und Ihr Handeln einzubringen.
Steve Jobs, Unternehmer

Kultur, verstanden als Lebensweise,
ist vielleicht die glaubwürdigste Politik.
Richard von Weizsäcker

Jeder Mensch ist ein Künstler.
Joseph Beuys

Die Kunst ist eine Tochter der Freiheit.
Friedrich Schiller

Ich bin kein Künstler, der Ideen hat. Ich hasse Ideen.
Und wenn ich trotzdem mal eine habe,
dann gehe ich spazieren, um sie zu vergessen.
Robert Rauschenberg

Manche Maler machen aus der Sonne
einen gelben Punkt. Andere machen aus einem
gelben Punkt die Sonne.
Pablo Picasso

Ohne Musik wäre das Leben ein Irrtum.
Friedrich Nietzsche

Anstaunen ist auch eine Kunst. Es gehört etwas dazu,
Großes als groß zu begreifen.
Theodor Fontane

Manche verstecken etwas. Ich finde, etwas
zu verstecken ist eine interessante Information.
Annie Leibovitz, Fotokünstlerin

Das Schönste, was wir erleben können,
ist das Geheimnisvolle. Es ist das Grundgefühl,
das an der Wiege von wahrer Kunst und Wissenschaft
steht. Wer es nicht kennt und sich nicht mehr
wundern, nicht mehr staunen kann, der ist
so gut wie tot und seine Augen sind erloschen.
Albert Einstein

Ausstellungsbesucher sollten bezahlt werden.
Bazon Brock

Wenn ich wüsste, was Kunst ist,
würde ich es für mich behalten.
Pablo Picasso

Kunst wirkt wie ein Rausch, nur ohne Kater.
Stefan Klein, Kunstexperte

Das Stück war ein großer Erfolg.
Nur das Publikum ist durchgefallen.
Oscar Wilde

Wir arbeiten im Dunklen – wir tun, was wir können – wir geben, was wir haben. Unser Zweifel ist unsere Leidenschaft, und unsere Leidenschaft ist unsere Aufgabe. Der Rest ist der Wahnsinn der Kunst.
Henry James

Die Wirtschaft versucht, Ordnung in die reale Welt zu bringen, die Dichtkunst tut das Gleiche mit der geistigen Welt.
John Barr, Poetry Foundation, USA

Ich wünsche mir die Einsicht, dass Leben mit und in der Kultur schon ein kleiner Vorgriff auf das ist, was uns alle – hoffentlich – erwartet: der Himmel.
August Everding

Vision ist die Kunst, Unsichtbares zu sehen.
Jonathan Swift

Will man sehr feine Dinge sichtbar machen, muss man sie färben.
Joseph Joubert, französischer Moralist

Künstler ist nur einer, der aus der Lösung
ein Rätsel machen kann.
Karl Kraus

Nichts, nur Bild, nichts anderes,
völlige Vergessenheit.
Franz Kafka

Bunt ist meine Lieblingsfarbe.
Walter Gropius

Wenn es nur eine einzige Wahrheit gäbe, könnte man
nicht hundert Bilder über dasselbe Thema malen.
Pablo Picasso

Die Dekadenz einer Literatur beginnt,
wenn ihre Leser nicht schreiben können.
Nicolás Gómez Dávila, kolumbianischer Philosoph

Geschmack ist nicht angeboren,
er muss erarbeitet und gepflegt werden.
Zaha Hadid, Architektin

Man muss viel Geschmack haben,
um dem seiner Zeit zu entgehen.
Théodore Simon Jouffroy,
französischer Philosoph

Ein Gedichtband ist mehr wert als eine Eisenbahn.
Gustave Flaubert

Was machete ich mit dem Gelde,
wenn ich nicht Bücher kaufte.
Gotthold Ephraim Lessing

Je höher die Kultur, desto reicher die Sprache.
Anton Tschechow

Ein dicker, ledergebundener Band macht sich gut als Streichriemen. Dünnere Bändchen sind als Tischbeinstütze recht nützlich. Ein großer, flacher Atlas kann verwendet werden, um eine zerbrochene Fensterscheibe abzudecken. Und mit nichts lässt sich so gut nach einer lauten Katze werfen wie mit einem fetten, altmodischen Buch mit Schließe.
Mark Twain

Wenn es überhaupt so etwas gibt wie eine Basiseinheit kultureller Intelligenz, dann ist es Empathie.
Brian Eno, Musiker

Wo die Sonne der Kultur am tiefsten steht,
werfen selbst Zwerge große Schatten.
Karl Kraus

Die Kultur hängt von der Kochkunst ab.
Oscar Wilde

Der kultivierte Mensch muss sich weniger
gegen die Barbarei dieser Epoche verteidigen
als gegen ihre Kultur.
Nicolás Gómez Dávila, kolumbianischer Philosoph

Geh mir aus der Sonne!

Wo steckt es bloß? Wahrscheinlich wieder
mal dort, wo wir nicht sind.
Auf der Suche nach dem Glück.

Gib jedem Tag die Chance,
der schönste deines Lebens zu sein.
Mark Twain

Gott, was ist Glück! Dass man ausgeschlafen hat
und dass einen die neuen Stiefel nicht drücken.
Theodor Fontane

Wende dein Gesicht der Sonne zu,
und du lässt die Schatten hinter dir.
Afrikanisches Sprichwort

Reich wird man erst durch Dinge,
die man nicht begehrt.
Mahatma Gandhi

Überall herrscht Zufall. Lass deine Angel
nur hängen; wo du's am wenigsten glaubst,
sitzt im Strudel der Fisch.
Ovid

Nur wenn wir aufhören, das Glück anderswo
zu suchen, haben wir die Chance, ihm zu begegnen.
Ernestine Krummbiegel, Glücksforscherin

Deine erste Pflicht ist,
dich selbst glücklich zu machen.
Ludwig Feuerbach

Wenn ich mit intellektuellen Freunden spreche,
festigt sich in mir die Überzeugung, vollkommenes
Glück sei ein unerreichbarer Wunschtraum.
Spreche ich dagegen mit meinem Gärtner,
bin ich vom Gegenteil überzeugt.
Bertrand Russell

Der Sinn der Wissenschaft ist ein glückliches Leben.
Al-Gazzali (5./6. Jh.), persischer Gelehrter

Glück ist Talent für das Schicksal.
Novalis

Lasst uns unser Glück besorgen,
in den Garten gehen und arbeiten.
Voltaire

Die Absicht, dass der Mensch glücklich sei,
ist im Plan der Schöpfung nicht enthalten.
Sigmund Freud

Zum Glück brauchst du Freiheit.
Zur Freiheit brauchst du Mut.
Perikles

Die wahren Lebenskünstler sind bereits glücklich,
wenn sie nicht unglücklich sind.
Jean Anouilh

Wer anfängt, auf das Glück zu warten,
der hat es schon verpasst.
Ernestine Krummbiegel, Glücksforscherin

Das Glück besteht nicht darin, dass du tun kannst,
was du willst, sondern darin, dass du immer willst,
was du tust.
Leo N. Tolstoi

Zu viel des Guten kann wunderbar sein.
Mae West

Glück ist so, als versuchte man,
Wasser in seinen Händen zu halten.
Michelangelo Antonioni

Geh mir aus der Sonne!
Diogenes

Bedenke, was du dir wünschst.
Es könnte in Erfüllung gehen.
Volksweisheit

Fortuna lächelt, doch sie mag
nur ungern voll beglücken:
Schenkt sie uns einen Sommertag,
schenkt sie uns auch Mücken.
Wilhelm Busch

Kaum zu glauben, Teufel noch mal, dass man
so viele Jahre lang inmitten von Kleinkram
und Ärger so glücklich sein kann.
Gabriel García Márquez

Nicht in der Erkenntnis liegt das Glück,
sondern im Erwerben der Erkenntnis.
Edgar Allan Poe

Dunkel ist des Glückes launenhafter Gang,
ein unbegreifbar, unergründlich Rätselspiel.
Euripides

Unsere Lebenskreisläufe sind durch die Technologie,
die uns ans Netz fesselt – die Handys, Modems und
Faxe –, so überlastet, dass wir die Fähigkeit verloren
haben, am helllichten Tag zu träumen.
James Atlas, Autor

Gesundheit gibt es nur als Zustand,
in dem der Mensch vergisst, dass er gesund ist.
Klaus Dörner, Psychiater

Einmal brach ich mir das Bein,
es war das schönste Erlebnis meines Lebens.
Franz Kafka

Mir steigt noch der Duft von Blumen in die Nase,
die vor 20 Jahren verwelkt sind.
Mark Twain

Sorge für dein Wohl mit dem geringsten Schaden
für andere.
Jean-Jacques Rousseau

Lebenskünstler leben von der Zeit,
die andere nicht haben.
Michael Douglas

Der Mensch ist unglücklich, weil er nicht weiß,
dass er glücklich ist. Nur deshalb. Das ist alles.
Wer das erkennt, der wird glücklich sein, sofort,
im selben Augenblick.
Fjodor M. Dostojewskij

Ich habe mich entschieden, glücklich zu sein.
Das ist besser für die Gesundheit.
Voltaire

Leicht ist ein schöner Zustand zerstört, während man
ihn nur schwer erreicht. Wer sich wohlbefindet,
tue drum alles, um dieses Glück nicht zu verlieren.
Francesco Guicciardini (1483–1540),
florentinischer Politiker und Diplomat

Am Regenbogen muss man
nicht Wäsche aufhängen wollen.
Friedrich Hebbel

Ist nichts mehr zu wünschen, so ist alles zu fürchten:
unglückliches Glück! Wo der Wunsch aufhört,
beginnt die Furcht.
Baltasar Gracián (1601–1658),
spanischer Moralist

»Wir haben das Glück erfunden« –
sagen die letzten Menschen und blinzeln.
Friedrich Nietzsche

Paradise is exactly like where you are right now.
Only much, much better.
Laurie Anderson, Musikerin

Stichwortverzeichnis

A
Abgrund 36
Ablenkung 144
Abschied 128
Abwässer 71
Abweichungen 52
Achtung 72, 79, 84
Aldi 13
Alkohol 146
Alkoholiker 42
Alltag 7, 32, 67, 111
Alphabet 100
Alter 56–59, 133
Altern 56
Älterwerden 58
Analysten 25
Analytiker 16
Anerkennung 77, 79
Angel 158
Angestellte 16
Angst 33, 36, 131
Ansichten 58, 117
Anstrengung 32
Anteilseigner 26
Anzug 106
Arbeit 43, 68 ff., 92, 110, 150
Arbeitsmarkt 26
Architekten 82
Ärger 161
Ärgernis 60
Asche 84
Asket 34
Asphalt 106
Aufgabe 57, 78, 86, 95, 152
Aufkäufe 95
Aufklärung 60
Aufmunterung 77
Aufregungen 108
Aufschub 68
Augenblick 52, 100, 124, 162
Ausstellungsbesucher 151
Auto 105
Autobahnen 105
Autonomie 124
Autorität 117

B
Bäckerei 26
Ball 33, 74
Ballast 106

Barbarei 155
Baunutzungsordnung 10
Beamte 16
Begegnung 145
Begehrlichkeit 118
Begeisterung 43, 78
Behörde 19
Beispiele, schlechte 56
Belangloses 55
Belehrung 58
Belohnung 125, 140
Berge 32, 114
Beruf 11, 88
Berufsleben 135
Bescheidenheit, neue 84
Bestand 19
Bestimmungsort 116
Betablocker 146
Betätigungslust 69
Betonierung 15
Bettlerin 136
Bevölkerungszahl 15
Bevormundung 126
Bewunderung 84
Bibel 88
Bildkaskaden 144
Bildschirm 145
Bildung, fehlende 74
Bindungsfähigkeit 57
Blasphemie 50
Blumen 162
Böse, das 42, 121
Brunftschreie 136
Bücher 11, 52, 154
Bürokratie 19 f.

C

Chance 12, 26, 32–37, 80, 116, 120 f., 125–128, 145, 158
Chaos 32
Charakter 32, 34, 116
Chef 106 f.
Club 42
Computerisierung 111
Countdown 128

D

Dasein 92
Daten 98–101
David 119
Dekadenz 153
Demokratie 25
Denkarbeit 98
Denken 71, 108
deutsch, typisch 11
Deutsche 11 f., 17, 124
Deutschland 9–17, 19
Deutschtum 10
Deutschtümelei 12
Dieb der Zeit 68
Dienende 74
Diener 74
Dienstleistungsgesellschaft 74, 94

Dreck 60
Drogen 143
Drogenkonsum 146
Dumme, der 118
Dummheit 21, 40, 120
Dünkel 41, 161
Durcheinander 10

E
Effizienz 92
Egoismus 40
Ehe 135 ff.
Eheleute 136
Ehrgefühl 92
Eichen 19
Eier 41
Eifer 55
Eigennutz 141
Eigensinn 99
Einbildungskraft 44
Einfall 7, 43, 85
Einsicht 41, 84, 152
Eintopf 111
Eisenbahn 154
Eitelkeit 40
Eltern 46
Emotion 46
Empathie 154
Endschnitt 107
Endzweck des Staates 19
Energie 32, 58
Energieeinsparung 72
Entbehrung 33
Enthusiasmus 28, 46
Entropie 78
Entscheidung 36
Entschuldigungen 72
Erbsenzähler 97
Erbsünde 23
Erde 50, 108
Erdreicher 43
Erfolg 67, 81, 83, 86, 88 f., 106 f., 152
Erfüllung 78, 160
Ergebnis 69
Erinnerung 65
Erkenntnis 39, 98, 103, 161
Erleuchtung 50
Esel 110
Essen 128
Europa 20, 24
Evangelium 36
Existenz 12, 33

F
Fachmann 75
Fähigkeiten 88, 161
Fahren 105, 132
Fährten 136
Fakten 98–101
Fallstricke 127
Fax 161
Federbetten 15
Fehler 11 f., 24, 33, 42, 52, 56, 115, 128, 136, 141

Fehlschläge 107
Feigheit 58
Feiglinge 56
Feind 74, 113 f., 118 f.
Feld 82
Fernsehen 144, 146 f.
Fesseln 108
Feuer 84, 134
Finanzchefs 26
Fisch 158
Fixkosten 64
Flasche 31, 115
Fliegen 104, 131
Floh 117
Flughafen 104
Flugzeit 104
Flugzeuge 104
Flussbett 27
Fortschritt 35
Fortuna 77, 160
Fragmentierung 78
Frau 54, 135
Freiheit 53, 78, 128, 150, 159
Freizeit 111
Fremdling 110
Freude 10, 36, 68
Freund 64, 118 f., 139 ff., 159
Freundschaft 140 f.
Frühverrentungsprogramme 23
Füchse 119
Führung 71
Führungskraft 78, 81 f.
Furcht 44, 126, 163
Fürst 76
Fußball 12, 79, 111
Füße 51, 92, 106

G

Gag 40
Ganz oben 114 ff.
Garten 136, 159
Gärtner 159
Gebote, zehn 107
Geburtshelfer 34
Gedächtnispolitik 144
Gedanken 42, 75, 77, 89, 123
Gedichtband 154
Gefahr 34, 99, 114, 118, 121, 126, 146
Gefühle 87, 98, 145
Gegen den Strom 64 f.
Gegenwart 58
Gegner 74, 119
Geheimnisvolle 151
Gehirnwäsche 146
Geist 11, 46, 94, 99, 101, 110, 132
Geister, starke 44
Gelassenheit 54 f.
Geld 15, 47, 85, 91 ff., 154
Geldkategorien 26
Gelingen 32, 52, 115
Gemeinschaft 24
General 53

Generationen 24, 124
Genie 42
Genossenes 125
Gerechtigkeit 58
Geschichte 27 ff., 60, 128, 144
Geschicklichkeit 79, 120
Geschmack 87, 153
Gesellschaft 46, 71, 74, 81
Gesetze 11, 86, 109
Gesetzgebung, allgemeine 52
Gestein 44
Gestrüpp 44
Gesundheit 161 f.
Gewässer, ruhendes 55
Gewinn 12, 76
Gewinnchance 26
Gewissensbisse 34
Gewissheit 101
Gewohnheit 108 f.
Globalisierung 111
Glück 77, 79, 106, 109 f., 132, 157–163
Gott 47, 54, 69, 100, 118, 158
Grazien 11
Greise 56
Grenzen des Wachstums 25
Grenzkosten 104
Großes 55, 151
Großschrumpfen 35
Gürtel, der enger geschnallte 145
Gute, das 42, 121, 125, 160

H

Haar in der Suppe 10
Haare, graue 56, 58
Haltung 146
Handeln, kurzfristiges 71
Handlungen 72 f.
Handwerk 88, 115
Handy 161
Hans im Glück 106
Harmonieverein 60
Hasen 88
Hass 65, 134
Hässliche, das 12
Hausmeister 21
Haustorschlüssel 106
Heide 94
Heirat 136
Heiterkeit 85
Held 116
Herausforderungen 77 f.
Herd 109
Herdfeuer 147
Herren 46, 78, 115
Herz 56, 58, 60, 69, 133 f.
Hierarchien 94, 126
Hilfskraft 81
Himmel 50, 54, 65, 132, 152
Hindernisse 58
Hirte 21

Hochzeit 136
Hochzeitstage 136
Hoffnung 79, 127, 133
Hofnarren 26
Hölle 46, 99
Homepage 146
Homo oeconomicus 26
Hostie 33
Humanität 57
Hunde 92
Hypothesen 79

I
Ideale, deutsche 13
Idee 11, 15, 34, 85, 127, 146, 150
Ignoranten 21
Illusion 19
Information-Superhighway 145
Informationen 75, 115, 145, 151
Informationskontinuum 144
Innovation 85
Intelligenz, kulturelle 154
Interessen der Gesellschaft 71
Investoren 94
Irrsinn 40
Irrtum 42, 98, 108, 150

J
Jahrhundertreform 23
Jammern 13
Journalisten 45
Journalistik 144
Jugend 56–59

K
Kaiserreich 25
Kanufahrt 106
Kapital 92
Kapitalismus 92, 94 f.
Karibik 15
Kartoffeln 111
Katalysator 43
Kater 151
Katze 146, 154
Kaufhäuser 10
Kernenergie 146
Kindheit, unschuldige 56
Klarheit 101, 126
Kleinigkeiten 106
Kleinkram 161
Kluge, der 118
Klugheit 93
Knall 43
Knie 43
Knoten 51
Kochkunst 154
Kokain 47
Koks 146
Kommunikation 83, 144
Kommunismus 94

Komödie 121
Kompromiss 120
Konfusion 11
Königin 136
Können, das 74
Konsens 65
Konsequenzen 68
Kontrolle 105
Kopfarbeiter 78
Köpfe, verworrene 44
Kosten 25
Kostenersparnis 115
Kraft 16, 26, 32, 49, 51, 65, 77 f., 83, 121
Kraftwerk 72
Kraut 134
Kreativität 25, 79
Krieg 53, 118
Krise 27, 31–37
Krise, demografische 15
Kritik 60 f.
Kuchen 26
Küken 41
Kultur 111, 150–155
Kunden 74, 86, 94
Kündigungsschutz 65
Kunst 7, 35, 144, 149–152
Künstler 12, 150, 153
Kyffhäuser 10

L

Lebenskreisläufe 161
Lebenskünstler 159, 162
Lebensqualität 92
Lehren 56
Lehrmeister 88
Leichen im Keller 114
Leichtsinn 111
Leid 33
Leidenschaft 134, 152
Leistungen 24, 83
Leitbilder 116
Lernquelle 74
Leser 7, 153
Licht 43, 51, 79, 101
Liebe 89, 131–136
Lieblingsfarbe 153
Linden 19
Live-Rock'n'Roller 41
Lohn 70
Löwe 117
Luftheizung 106
Lügen 118, 149
Lust am Handwerk 88
Luxus-Segment 86
Luxushotels 12

M

Macher 16
Macht 121, 133
Macht der Gewohnheit 108 f.
Mafia 22
Magd 110
Maler 150
Management 7, 12, 83, 115

Manager 12, 54
Mannigfaltigkeit 52
Marke 86 f.
Marketing 85 ff.
Marketingabteilungen 86
Marketingleute 87
Markt 12, 24, 26, 94 f.
Marktanteile 95
Marktforschung 87
Martini 140
Mathematik 98–101
Medien 144–147
Meinung 110
Meinung, öffentliche 146
Meister 57
Menschenkenner 115
Minister 21
Misslingen 32
Mitarbeiter 56, 77, 82 f.
Mitglied 42
Mitmenschen 108
Mittel 15, 92, 111
Mittelklassemarke 86
Mittelweg 34
Mobilitätserlebnisse 105
Modem 161
Moral 22, 71
Motivation 77–80
Motive 95
Mücken 160
Mühe 40, 70, 103, 106, 118
Musik 13, 150
Müßiggang 110
Mut 35, 54, 57 f., 63, 65, 88, 159
Mythos 44, 103

N

Nachwuchs 57
Narren 41, 43, 100
Narrheit 40
Nation 11
Natur 58, 68, 84, 92, 110
Natur, menschliche 45
Nerven 54, 87
Netz 161
Neues 29, 74
Neuzeit 26
Nichtwissen 75
Nickerchen 54
Niederlage 31, 37, 43
Nonsens 65
Not 34, 65, 126
Nutzen 74
Nutzlose 110

O

Objektfinanzierung des Staates 21
Öffentlichkeit 25
Ökonomen 80
Ökonomie 22
Open Source 94
Opposition 22

Optimisten 34
Ordnung 69, 152
Orientierung 126
Ortskenntnis 32
Ostsee 15

P
Palast der Republik 13
Parteigeist 99
Perfektion 36
Perlen 92
Perspektive 124
Pessimisten 34, 36
Pfand 115
Pferd 60, 105
Pflicht 29, 68, 72 f., 144, 158
Phantasie 46, 136
Philosophie 51
Phönizier 93
Pickel 87
Pickelcreme 87
Planer 82
Planet 84
Playback-Generation 41
Politik 7, 20–24, 41, 145, 150
Post 16
Pressefreiheit 144
Privatleben 135
Privilegierte 84
Prognose 124
Provinz 65
Pseudoreligion 33
Publikum 7, 152
Puppe 135
Putzfrauen 82

Q
Quelle 64, 82, 141

R
Rache 65
Rat 55, 76, 120
Ratlosigkeit 35
Rätsel 153
Raumfahrtzeitalter 104
Rausch 151
Recht 21, 31, 50, 107 f., 124, 144
Rechtssystem 23
Reform 108
Regeln 52, 65
Regenbogen 163
Regierende 21
Regierung 22, 144
Reisen 145
Reparaturen 23
Reputation 93
Respekt 82
Ressourcen 92
Revolution 13, 128
Risiken 26, 119
Rohstoff 22, 26, 75
Roman 11

Romantik 145
Ruf Deutschlands 16
Ruhe 54, 110
Ruinen 109

S
Sachentscheidung 74, 84, 141
Schachspiel 119
Schafe 21, 119
Schafsethik 119
Schatten 101, 155, 158
Schicksal 57, 159
Schiedsrichter 24
Schimpanse 105
Schlaftablette 146
Schlaraffenland 16
Schlechtmacherei 12
Schlucht 64
Schlüsselfaktor 86
Schmerz 36, 132
Schnee 76
Schönheit 45
Schönheitselixier 134
Schöpfung 159
Schornsteinkapitalismus 94
Schüler 29, 57, 119
Schurken 43, 80
Schweigen 60
Schweine 92
Schweinehund 149
Schwierigkeiten 33
Schwimmgürtel 111
Sedierung, politische 144
Seele 15, 127
Selbständigkeit 57
Selbsterkenntnis 39, 46 f.
Selbstmanager 78
Selbstmedikation 146
Selbstorganisierer 78
Selbstvertrauen 82
Seligkeit 65
Sensationen 108
Serialität 144
Service 86
Sicherheit 53, 77, 127
Sieg 32, 43, 114
Sinne 37, 42, 92, 159
Sinnesgenuss 110
Sinnlichkeit 145
Sinnvolles 46
Sisyphos 103, 106 f.
Sittliche, das 99
Sklavengesellschaft 74
Solidarität 72
Sommertag 160
Songs 125
Sonne 150, 155, 157 f., 160
Sorgen 20, 54, 68
Spaß 111
Spieler 82 f.
Spitzbuben 121
Staat 16, 19, 21
Staatsdienst 19
Standort 9, 12, 16, 25
Standpunkt 60, 81

Starallüren 41
Staunen 145
Steine 35, 51
Steinzeit 51
Stellvertreter 117
Stern 50, 128
Stimmung 16
Stöpsel 41
Straßenspülung 106
Streit 32
Strom 64 f., 111
Strukturen 126
Stückzahlen 86
Stürmer 24
Suppe 10, 135
Sympathien 7, 119

T
Tabellen 98
Talent 159
Talk-Shows 145
Tapfere 77, 125
Tat 75
Team 81 f.
Teamgeist 81 ff.
Technologie 161
Teilchenphysiker 146
Tennis 111
Teufel 88, 99, 161
Theater 15
Tod 34, 55 f., 127
Tomaten 57
Tore 93
Torheiten 58
Tradition 84
Trägheit der Natur 58
Tragödie 13
Trainer 57
Tranquilizer 146
Traum 86, 128
Trennung 134
Tugenden 34, 69, 73, 136
Tun 52, 75, 99

U
Übel, das geringste 22
Umgebung 110
Umsetzung 85
Umwege 32
Umwelt 84, 92
Unart, deutsche 12
Universum 100
Unmögliche, das 16, 44
Unrecht 108
Unsichtbares 152
Unsinn 19
Unentschieden 43
Unterhaltung 146
Unterlasser 26
Unternehmen 25, 27, 77, 94 f., 115
Unternehmensgeist 57
Unternehmer 11 f., 20, 26, 115
Unterschiede 52
Unzufriedenheit 35

Urlaub 111
Ursache 126
Urteil 42, 46
Urteilskraft 52
Utopie 128 f.

V

Vanitas 40–45
Veränderung 32
Verantwortung 71 ff.
Verantwortungsbereitschaft 57
Verbindlichkeiten 72
Verfassung 21
Vergessenheit 153
Vergnügen 7, 68, 110
Verhalten 71
Verkehrsdichte 105
Verleumder 119
Verleumdung 118
Verluste 76
Vernunft 98, 134
Vernünftigeres 46
Verschwendung 79
Versprechen 87, 116
Verstand 35, 40
Vertrag 74
Vertrauen 78, 82
Verwandte 140
Verwurzelung 16
Viererkette 81
Vision 85, 116, 152
Volkswirtschaft 26
Vollkommenheit 41
Vorschriften 11, 73
Vorstandsgehälter 23
Vorurteil 58, 99

W

Wachstum 25
Wahnsinn 21, 152
Wahrheit 16, 42, 45, 50, 60, 98, 108, 118 f., 149, 153
Wahrsagen 61
Waldlauf 79
Warmwasserleitung 106
Wäsche 163
Web 146
Weg 13, 35, 52, 58, 89, 93 f.
Weide 94
Wein 140
Weinland, fränkisches 15
Weise, der 44, 58
Weisheit 49, 54, 56, 127
Weltanschauung 72
Weltklugheit 50–53
Weltreich 71
Werber 87
Werbung 87
Werk 47, 58
Werte, deutsche 13
Wesen, entfremdete 92
Wesen, sittliches 73
Wesenszug, deutscher 13
Widerspruch 19

Widerstand 32
Wille, politischer 22
Willen 12, 52
Wind 114, 134
Wirklichkeit 35, 94, 99
Wirtschaft 7, 24–27, 71, 139, 152
Wirtschaftsbericht-erstattung 145
Wirtschaftswissenschaft 25
Wissen 34, 56, 65, 74 f., 99, 133
Wissenschaft 151, 159
Wogen 71
Wohl 95, 162
Wohlstand 26
Wunsch 78, 163
Wunschtraum 159
Wuppertal 15
Würde 65, 82
Wut 135

Z

Zahl 98–101
Zeichen 55, 120
Zettel 120
Ziel 52, 88, 115, 121
Zögern 52
Zombie 86
Zorn 55, 65
Zufall 158
Zukunft 23, 28, 123–127
Zunge 51
Zustand 161 f.
Zustimmung 117
Zuversicht 59
Zuwanderung 15
Zweck 61
Zweifel 35, 60, 152
Zwerge 155
Zwischenräume 108

Personenverzeichnis

A
Adamowitsch, Georg Wilhelm 19
Adenauer, Konrad 50
Agnelli, Giovanni Alberto 92
Al-Gazzali 159
Alcott, Louisa May 134
Allen, Woody 58, 70, 124, 127
Altenberg, Peter 104
Andersen, Kristin 98
Anderson, Laurie 163
Andretti, Mario 105
Angelus Silesius 54
Anouilh, Jean 159
Antonioni, Michelangelo 160
Archimedes 100
Atlas, James 161
Augustinus 99
Aurel, Marc 42

B
Bacon, Francis 19
Baron, Stefan 64
Barr, John 152
Bartens, Werner 33
Baselitz, Georg 12
Bauer, Hermann 41, 114
Beckenbauer, Franz 43
Benedikt XVI. 111
Bennis, Warren 81
Bergmann, Jens 86
Bernanke, Ben S. 106
Bernstein, Leonard 69
Beust, Ole van 55
Beuys, Joseph 43, 150
Beyeler, Ernst 145
Bier, August 53
Bierach, Barbara 56
Birkenstock, Reinhard 19
Bismarck, Otto von 84, 88
Blüm, Norbert 26, 33, 69
Boccaccio, Giovanni 125
Boldt, Klaus 23
Bonaparte, Napoleon 114
Börne, Ludwig 21, 111, 135
Bosshart, David 13
Boyle, Dennis 85
Brandt, Heiner 57
Brandl, Georg 69
Brandmeyer, Klaus 87

Braun, Wernher von 129
Briand, Aristide 120
Brock, Bazon 151
Bruyère, Jean de la 44, 119
Buddha 51
Bürger, Gottfried August 132
Busch, Wilhelm 40 f., 51, 106, 109, 120, 160
Butler, Samuel 34, 43, 51

C
Capote, Truman 42
Cardozo, Benjamin 36
Carville, James 24
Castaneda, Carlos 55
Chamfort, Nicolas-Sébastien Roch 121
Chamisso, Adalbert von 133
Chaplin, Charlie 40
Christie, Agatha 135
Churchill, Winston 71 f., 117 f., 120
Clinton, Bill 24, 116, 146
Cocteau, Jean 109
Conran, Terence 87
Cordes, Eckhard 16, 81
Corssen, Jens 75, 121

D
Dalai Lama 65
Dalí, Salvador 36
Dante Alighieri 125
Danzl, Christof 74
Dávila, Nicolás Gómez 78, 153, 155
Defoe, Daniel 141
Deschner, Karlheinz 35, 60
Dewey, John 108
Diogenes 160
Disraeli, Benjamin 109
Dörner, Klaus 161
Dostojewskij, Fjodor Michajlowitsch 35, 162
Douglas, Michael 162
Droege, Walter 114
Duck, Dagobert 44
Duerr, Hans Peter 72
Dunant, Henri 129
Duncan, Isadora 35
Dunker, Andreas 144
Duse, Eleonora 108

E
Ebner-Eschenbach, Marie von 36, 40, 77 f., 136
Edison, Thomas Alva 35
Ehlers, Eckart 84
Einstein, Albert 99, 151
Elisabeth I. 136
Emerson, Ralph Waldo 128
Ennius 140
Eno, Brian 154

Enzensberger, Hans Magnus 146
Epicharm 54
Euripides 140, 161
Everding, August 152
Ewing, Sam 105

F

Fest, Johannes 71
Feuerbach, Ludwig 158
Feuerbach, Paul Johann Anselm 32
Feynman, Richard 100
Finnegan, Nuala 58
Fischer, Gabriele 92
Fischer, Joschka 41
Fitzgerald, Ella 89
Flaubert, Gustave 154
Flimm, Otto 105
Foerster, Heinz von 126
Fontane, Theodor 88, 151, 158
Ford, Henry 81, 88, 107
Forster, Carl-Peter 60
Fournies, Ferdinand F. 83
France, Anatol 45
Freiligrath, Ferdinand 28
Fremmel, Kerstin 75
Freud, Sigmund 159
Fricke, Peter 84
Friedrich der Große 11
Froitzheim, Ulf J. 25, 119

G

Galilei, Galileo 100
Gandhi, Indira 29
Gandhi, Mahatma 50, 158
Gänßlein, Siegfried 115
García Márquez, Gabriel 161
Gates, Bill 10, 74
Getty, Paul 74
Gibran, Khalil 132
Gieselmann, Dirk-R. 32
Glos, Michael 15
Göbel, Lutz 94
Goethe, Johann Wolfgang 16, 28, 33, 35, 41 f., 53, 68, 70, 84, 94, 98 f., 117, 137
Gore, Al 22
Gracián, Baltasar 46, 64 f., 68, 118, 163
Grauel, Ralf 87
Greenspan, Alan 42
Gropius, Walter 153
Grünberg, Hubertus von 12
Guevara, Ernesto Che 44
Guicciardini, Francesco 22, 52, 118, 126, 162
Gysi, Gregor 94

H

Hadid, Zaha 153
Hammerschmidt, Marcus 94

Hamsun, Knut 136
Harcourt, Hervé 86
Harriman, Edward Henry 126
Harris, Sydney J. 106
Häusel, Hans-Georg 105
Hayek, Nicolas G. 20, 115
Heath, Edward 27
Hebbel, Friedrich 163
Heine, Heinrich 10, 15, 19, 20, 116, 135
Hengsbach, Friedhelm 23
Herrhausen, Alfred 81
Herz, Ingeburg 87
Herzog, Roman 57
Hesiod 76
Heuss, Theodor 150
Heynckes, Jupp 120
Hofmannsthal, Hugo von 50
Hohenstatt, Klaus-Stefan 93
Horn, Christian 26
Horstmann, Jürgen 100
Hösle, Vittorio 124
Hubbard, Elbert 141
Hugo, Victor 125, 127
Hume, David 79
Hundertwasser, Friedensreich 107
Hurd, Mark 81
Huth, Walde 56

J
James, Henry 152
James, William 108
Job, Peter 95
Jobs, Steve 150
Johnson, Samuel 108
Joliot-Curie, Irène 88
Joubert, Joseph 152
Jouffroy, Théodore Simon 153
Jouvenel, Bertrand de 117

K
Kafka, Franz 33, 50, 52, 57, 153, 161
Kahn, Alfred E. 104
Kahn, Oliver 44
Kannegießer, Martin 16
Kant, Immanuel 35, 44, 52, 98, 110
Kay, Alan 127
Kaye, Danny 25
Keller, Gottfried 100
Kerner, Johannes B. 81
Kepler, Johannes 101
Keynes, John Maynard 95
Kilz, Hans Werner 144
King, Martin Luther 133
Kirchhof, Paul 21
Klein, Hemjö 37
Klein, Stefan 151
Kleinfeld, Klaus 13
Kleist, Heinrich von 144

Klench, Elsa 86
Kluge, Alexander 69
Knüfer, Helmut 124
Kolumbus, Christoph 115
Koppelmann, Udo 86
Koroljow, Sergej P. 99
Kraus, Karl 10, 75, 106, 115, 153
Krummbiegel, Ernestine 34, 106, 109, 114, 158, 160
Kuranyi, Kevin 79

L

La Rochefoucauld, François de 40, 56, 82, 120, 133 f., 141
Lagerfeld, Karl 64, 111
Langenscheidt, Florian 145
Laotse 71, 77, 81
Lasdon, Dewys 86
Lau, Peter 126
Laudenbach, Peter 15
Leibovitz, Annie 151
Lenin 98
Lessing, Gotthold Ephraim 125, 154
Leuthold, Heinrich 28
Libermann, Alexander 79
Lichtenberg, Georg Christoph 10, 43, 47, 61, 69, 72, 108, 114, 120, 124
Lincoln, Abraham 54
Littmann, Peter 98
Locke, John 68
Logau, Friedrich Freiherr von 34, 140
Lotter, Wolf 25, 116
Ludwig XIV. 117
Luhmann, Niklas 87

M

Machiavelli, Niccolò 74, 76, 120
Madonna 45
Malik, Fredmund 24, 78, 115
Malraux, André 28
Mangold, Ijoma 17
Martinez, Arthur 35
Marx, Groucho 42
Marx, Karl 19, 92
Matthäus 92
Maturana, Humberto 68
Maucher, Helmut 54, 71, 75, 114
Mayer, Margit J. 46
McCarthy, James 59
McElroy, Neil 104
Mead, Margaret 28
Mehdorn, Hartmut 11
Merkel, Angela 22, 111
Messner, Reinhold 85
Michelangelo 84, 133
Mikfeld, Benjamin 26
Mitchell, Margaret 78
Molière 60

Moreau, Jeanne 133, 135, 137
Morgan, David E. 11
Morgenstern, Christian 36, 79, 89, 132
Müller, Klaus-Peter 65, 71
Müller, Theo 64 f.
Müntefering, Franz 180

N
Nadin, Mihai 128
Navratilova, Martina 33, 111
Nestroy, Johann Nepomuk 93
Newcomb, Simon 104
Nietzsche, Friedrich 34, 40, 44, 57, 110, 125, 136, 150, 163
Nordström, Kjell 125
Novalis 101, 128, 159

O
O'Toole, Jim 78, 82
Oetinger, Friedrich Christoph 54
Offe, Claus 72
Opielka, Michael 74
Ovid 65, 118, 133, 158

P
Paracelsus 37
Pascal, Blaise 36, 79
Paul, Jean 22, 46, 118, 136
Peck, Gregory 135
Pérez, Florentino 41
Perikles 159
Peters, Tom 95
Pfister, Ernst 72
Picasso, Pablo 150 f., 153
Piëch, Ursula 26
Pischetsrieder, Bernd 27
Planck, Max 100
Poe, Edgar Allan 161
Pretting, Gerhard 21, 124
Pulver, Liselotte 136
Pythagoras 98

R
Radtke, Michael 25, 145
Ranke, Leopold von 32
Rathenau, Walther 24
Rau, Johannes 24
Rauschenberg, Robert 150
Rehhagel, Otto 12, 33, 36, 93
Reich-Ranicki, Marcel 11
Reitzle, Wolfgang 71
Renard, Jules 109
Renner, Tim 12
Renzo, Piano 13, 54, 58, 105
Rihs, Andreas 77
Rilke, Rainer Maria 128

Robson, Roy 136
Rockefeller, John D. 83
Rogers, Will 126
Rosenthal, Philip 25
Rousseau, Jean-Jacques 84, 162
Rürup, Bert 23
Russell, Bertrand 133, 159
Rüttgers, Jürgen 10

S

Salm, Christiane zu 147
Salomo 51, 58, 72
Sandler, Guido G. 46, 135
Scheffold, Thomas K. 76
Schiffer, Claudia 15
Schiller, Friedrich 13, 45, 56, 58, 73, 121, 124, 132, 150
Schlegel, Friedrich 7, 22
Schlingensief, Christoph 145
Schmidt, Harald 145
Schmidt, Helmut 11, 24, 34, 146
Schmidt, Siegfried J. 144
Schnitzler, Arthur 65, 119
Scholem, Gerschom 50
Schön, Max 11
Schopenhauer, Arthur 57, 61, 77, 93
Schöppner, Klaus-Peter 23
Schüller, Heidi 144
Schumann, Charles 140
Schwab, Charles M. 77
Schweitzer, Albert 59
Senger, Harro von 119
Shakespeare, William 88, 93, 132
Shaw, George Bernard 50
Simon, Hermann 12, 15
Sliwiok, Daniel 127
Smith, Fred 82
Sommer, Christiane 16
Sommer, Ron 75
Sophokles 55, 72
Späth, Lothar 24
Sprenger, Reinhard K. 94, 126
Sprißler, Wolfgang 20
Stengel, Casey 83
Stiglitz, Joseph E. 80
Sting 47
Stocker, Achim 19
Straßburg, Gottfried von 132
Straubhaar, Thomas 15, 21, 26, 65
Sun Tzu 53
Swift, Jonathan 46, 58, 152
Sywottek, Christian 85

T

Tappert, Horst 60
Tausch-Flammer, Daniela 127

Terenz 77
Teufel, Heinz 128
Thielen, Karl-Heinz 115
Thumann, Jürgen 16
Tieck, Ludwig 141
Tiefensee, Wolfgang 10
Tolstoi, Leo N. 160
Trapattoni, Giovanni 74
Trotzki, Leo 128
Truman, Harry S. 29
Tschechow, Anton 32, 110, 154
Tucholsky, Kurt 13
Twain, Mark 21, 28, 60, 68, 108, 154, 158, 162

V

Vauvenargues, Marquis de 42, 56, 85, 121, 134
Verheugen, Günter 16
Verne, Jules 129
Vita, Giuseppe 33
Vitzthum, Lalla 32
Vogts, Berti 63, 82
Voltaire 11, 40, 79, 118 f., 159, 162

W

Wachsmann, Konrad 82
Waechter, Martin F. 12
Waits, Tom 60
Wallander, Jan 25
Weber, Max 43
Weiße, Gerd 110
Weizsäcker, Richard von 37
Welles, Orson 44
Werfel, Franz 52, 110
Werz, Georg von 106
West, Mae 56, 160
Wiedeking, Wendelin 12
Wilde, Oscar 29, 46, 85, 93, 106, 146, 152, 154
Wilder, Billy 107, 140
Wilhelm II. 105
Willenbrock, Harald 34
Wolf, Stefan P. 64, 140, 146 f.
Woods, Tiger 89
Wright, Steven 92
Würth, Reinhold 16

Y

Yamani, Ahmed 51
Youbiner, Asaf 40
Young, Edward 68

Z

Zander, Benjamin 43
Zemke, Ron 98
Žižek, Slavoj 111
Zoff, Dino 57
Zwanziger, Theo 82

Allan & Barbara Pease

Eine dumme Frage ist besser als fast jede kluge Antwort

Wie man erfolgreich überzeugt

ISBN 978-3-548-36745-3
www.ullstein-buchverlage.de

Ohne die richtigen Fragen, die richtigen Gesten funktioniert kein Gespräch, keine Verhandlung, keine Diskussion. Die hohe Kunst der Kommunikation ist erlernbar und Allan & Barbara Pease sind die idealen Lehrmeister. Mit jahrzehntelanger Erfahrung, bewährten Methoden und wie immer unterhaltsam vermitteln sie in ihrem neuen Buch die entscheidenden Tricks und Tipps, um erfolgreich zu überzeugen.

»Pease & Pease lehren, wie man Körpersprache gewinnbringend einsetzt.« *Format*

»Erfolgreich überzeugen mit dem Erfolgsduo Allan & Barbara Pease!« *dpa*

US250

David Wallechinsky · Amy Wallace

Das große Buch der Listen

Wissenswertes, Kurioses und Überflüssiges

ISBN 978-3-548-36891-7
www.ullstein-buchverlage.de

Bereits 1977 gaben David Wallechinsky und Amy Wallace ein Sammelsurium heraus, das allerlei kuriose Statistiken, Zitate und verrückte Informationen versammelte. Dieses Original hat viele Nachahmer gefunden, doch kein anderes Buch kuriosen Wissens ist so umfassend. Jetzt haben die beiden leidenschaftlichen Sammler ein völlig überarbeitetes Kompendium zusammengestellt – »voller faszinierender, trivialer Informationen« (New York Times) und »ein unglaublicher Spaß« (Wall Street Journal).

US247

Thomas Fink

Herrenhandbuch

Ein Vademekum für den Mann von heute
Mit zahlreichen Abbildungen
Deutsche Erstausgabe

ISBN 978-3-548-36970-9
www.ullstein-buchverlage.de

Was unterscheidet einen Smoking von einem Frack? Wie verhalte ich mich in einem öffentlichen Urinal? Wie viel passt in eine Magnum-Flasche Champagner – und wie öffne ich sie, ohne dass ein Malheur geschieht? Wie bügele ich in fünf Minuten ein Hemd? Wie baue ich ein Baumhaus? Wie lautet das Rezept für das perfekte Rührei? Hilfestellungen für solche und ähnliche Anforderungen des männlichen Lebens bietet dieses Handbuch.

US272